Маргарита **КОРОЛЕВА**

**авторская программа
сбалансированного питания**

Правила
СЫТОЙ
стройности

АСТ
Москва

УДК 615.8
ББК 51.2
К68

Фотографы: **Марат Батулин** (фото автора на 1-й стр. обложки), **Олег Титяев** (фото автора на 4-й стр. обложки), **Виктор Горячев** (фото Н. Бабкиной)
Дизайн обложки: **Юлия Межова**
Рисунки: **Евгений Осипов**

Макет подготовлен редакцией △ АСТРЕЛЬ СПб

Королева, Маргарита

К68   Королевский рацион: Правила сытой стройности (авторская программа сбалансированного питания) / Маргарита Королева. — Москва: АСТ, 2014. — 316, [1] с.

ISBN 978-5-17-075519-6

Бестселлер «Легкий путь к стройности» известного врача-диетолога Маргариты Королевой уже помог похудеть десяткам тысяч людей. В долгожданном продолжении «Правила сытой стройности» раскрыты новые секреты знаменитой авторской программы снижения и стабилизации веса, благодаря которой многие бизнесмены, политики и звезды шоу-бизнеса не только избавились от лишних килограммов, но и по-прежнему сохраняют прекрасную форму. Теперь такую возможность получают и читатели этой книги. Выполнение рекомендаций Маргариты Королевой гарантирует не только эффективное и стабильное похудение, но и обретение внешней привлекательности, улучшение самочувствия и повышение работоспособности.

Автор впервые представляет проект сбалансированного питания «Королевский рацион», в котором одни программы способствуют снижению массы тела, другие — препятствуют набору веса, позволяя поддерживать полученные результаты.

С помощью этой книги вы узнаете: как ускорить обмен веществ, как усилить процесс сжигания жира в организме, как скорректировать рацион, если вам приходится работать в ночную смену, а также получить ответы на многие вопросы, возникающие в процессе похудения. Кроме того, благодаря специально подготовленному автором «счетчику калорий» вы можете самостоятельно составить индивидуальный сбалансированный рацион не только для снижения веса, но и для его удержания.

Разнообразные рецепты здоровых и вкусных блюд от Маргариты Королевой сделают процесс похудения не только полезным, но и приятным!

Специальный Бонус данного издания — калькулятор индекса массы тела, который позволит мгновенно определить отклонение личных показателей от нормы и сделать правильный выбор в пользу здорового образа жизни и правильного питания.

www.margaritakoroleva.ru

ISBN 978-985-18-0214-8 (ООО «Харвест»)

Содержание

3

«Маргарита Королева — мое второе рождение».

В сложное для себя время решила, что надо в санаторий — восстановиться. Сочи!!! Иду на пляж своими ногами, не опираясь на палочку, без корсета, который держит спину и всю меня. Выхожу, раздеваюсь, остаюсь в купальнике и понимаю, что мне за себя не стыдно. Я выгляжу, как 80% женщин в России! Я — худеющая полная женщина. У меня есть талия, ходят ноги, на стопе — лодыжки, и я ясно вижу их, а не опухоль, состоящую из соли и воды. И я спускаюсь почти без боли в бедре с крутой лестницы, я одна и со мной нет никого, чтобы опереться и справиться с жизнью. Мне скоро 65, и я смогла пережить горе, начать работать и не выгляжу как слон или бегемот. А отсюда и ощущение себя другое. Я пью много воды, ем пять раз в день. И меня это не напрягает. Я хочу жить!

И за жизнью я пришла к Маргарите Королевой. Я была на 38 килограммов больше, и все, о чем я выше написала, делала с большим трудом и с чьей-нибудь помощью, или вообще не делала.

Маргарита Королева — мое второе рождение. Она пишет, звонит, мотивирует, угощает всякой нужной информацией и всегда при встрече... предлагает перекусить. Это так забавно! Ее порции укладываются в ладонь, но эта ладонь дает надежду на жизнь. Королева — врач. Врач, грамотный, вдумчивый и очень красивая женщина. Думаю, ей это тоже нелегко дается, но она — пример. И еще ее не хочется подводить. Все мои подруги у нее в клинике. У всех есть результат, и результат большой.

Я благодарю Вас, моя дорогая Маргарита Васильевна, Марго, Королева! За то, что моя мама увидела меня почти прежней, за то, что я жива, и мне осталось сбросить всего 10 килограммов. За Ваших помощников — единомышленников-профессионалов. И за это чудное место в Москве, где можно укрыться от дел и принадлежать себе. Я стараюсь Вас и себя не подвести. Вы профи, и я Вас люблю.

Татьяна Анатольевна Тарасова,
заслуженный тренер СССР по фигурному катанию,
мастер спорта международного класса,
председатель жюри проекта «Ледниковый период»
на Первом канале

Посвящается самым дорогим мне людям — любимому мужу и единомышленнику Александру, а также моим замечательным детям Марине и Андрею, без которых мне было бы трудно делать в жизни то, что я делаю.

Вступление

Однажды утром вы решили надеть брюки, которые давно не носили, и с ужасом обнаружили, что они не застегиваются на поясе. Встав на весы, вы еще больше расстроились: после последнего взвешивания вы прибавили целых 7 килограммов — когда и каким образом это могло произойти?

Вроде бы есть вы больше не стали, правда, был завал на работе, перекусить в обед не удавалось — и вы плотно ужинали поздно вечером. Иногда приходилось брать работу домой, чтобы вовремя сдать отчет, поэтому на вечернюю прогулку времени не оставалось. «Я набрала слишком много ненавистных килограммов, а ведь впереди отпуск и приятная поездка к морю!» И вслед за этими мыслями приходит настоящая паника...

Не правда ли, такая или подобная ей история приключалась с вами или с вашими знакомыми. Что же делать? В таких случаях панические мысли, как правило, сопровождаются или ощущением полной безнадежности, или твердым решением немедленно принять какие-то меры.

При первом сценарии события развиваются обычно следующим образом: «Это теперь уже, наверное, навсегда! У меня нет силы воли — все предыдущие попытки сбросить вес оканчивались неудачей. Ну и нечего страдать зря!» «Хозяйка» подобных мыслей берет

Маргарита КОРОЛЕВА

коробочку конфет и заедает ими на мягком диване свою беду под просмотр какого-нибудь сериала. Поездка на море не приносит ожидаемого впечатления. Настроение по возвращении домой портится, снижается самооценка. А вес продолжает предательски увеличиваться — и вот уже необходимо полностью менять гардероб. Портятся отношения с любимым человеком, и приходит настоящая депрессия со всеми ее «прелестями»...

Второй сценарий для решительных особ. Сразу принимается твердое решение. «Всё! Сегодня же сажусь на овощи и воду и срочно иду в фитнес-центр». В результате пищевой рацион сокращается до двух приемов пищи в день, а на беговой дорожке пробегается до 5 километров ежедневно. Ура! Процесс пошел! В течение недели ушли целых 4 килограмма, а надо бы еще столько же. Но что это? Стала кружиться голова, быстро наступает утомляемость, пропало желание бегать, и главное — нестерпимо хочется есть. Совсем скоро наступает тот день, когда уже не остается сил терпеть эти муки и сдерживать свои порывы открыть холодильник. И всё! Через несколько дней достигнутых результатов как не бывало, более того — на смену сброшенным 4 килограммам пришли 6. И зачем было так изводить себя?!

И правда — зачем?

К сожалению, обе типичные реакции желающих привести себя в форму одинаково ошибочны. Ни одна из этих моделей поведения не будет способствовать позитивным изменениям, которые сопровождаются не только снижением массы тела, но и обретением уверенности в себе, а главное — здоровьем. Как часто мы забываем о нем! Оба подобных подхода

8

Правила сытой стройности

лишь расшатывают ваше здоровье. Задумайтесь над тем, что вы делаете.

Многие ли могут с уверенностью сказать, что довольны своей внешностью и состоянием здоровья? Глубоко сомневаюсь. Известно, что львиная доля заболеваний в той или иной степени связана с избыточным весом. Порой бывает чрезвычайно трудно отказать себе в удовольствии съесть лишнюю порцию любимого лакомства.

Если вы серьезно относитесь к проблеме нормализации веса и связанного с этим улучшения здоровья, то следует подходить к этой задаче разумно, предварительно получив необходимые знания. Не следует необдуманно резко сокращать свой пищевой рацион и браться за непосильные физические нагрузки. Вы должны видеть стоящие перед вами препятствия и находить способы для их устранения. И главное — ставить перед собой реальные цели.

Всего этого вы можете достичь с помощью грамотных специалистов — диетолога и тренера по общефизической подготовке.

Но если вы живете в маленьком городе или селе, и таких специалистов нет на десятки километров в округе или ваш бюджет не рассчитан на регулярные консультации специалистов? Не отчаивайтесь. У вас появился шанс решить ваши, казалось бы, неразрешимые проблемы самостоятельно, используя книгу, которую вы сейчас держите в руках.

Если вы твердо решили улучшить свою форму, и главное — поддерживать свое здоровье многие годы, то эта книга для вас.

Если же вы живете в мегаполисе и можете позволить себе персонального фитнес-тренера и диетолога, но социальный статус вынуждает вас ежедневно обсуждать проблемы и перспективы бизнеса, встречаясь с партнерами за ресторанным столиком,— эта книга и для вас. Итак, порой вам приходится есть в разных часовых поясах: обед в Нью-Йорке, ужин в Гонконге, послезавтра вы в Москве... А как избежать деловых обедов, ведь они входят в сферу профессиональных обязанностей? И даже если вы, голодный и усталый, садитесь за обеденный стол у себя дома, но поздно вечером — то «сметаете» со стола все съедобное. И вновь вы смотрите на себя в зеркало в

Маргарита КОРОЛЕВА

ванной комнате, инстинктивно втягивая живот, как если бы проходили мимо хорошенькой девушки на пляже. Лучше не видеть. Лучше не думать.

Действительно, трудно бывает признаться даже самому себе, что есть такая область, где вы все время проигрываете. И это задевает вас все больше и больше. Ведь вы из тех, кто умеет решать проблемы, находить для этого эффективные пути, принимать на себя ответственность, руководить, организовывать. Вы победитель!

Но когда на вас внезапно обрушивается приговор врача: «Вы опять набрали вес!» — вам становится очень стыдно. Вы начинаете оправдываться как ребенок, уверяя, что едите теперь гораздо меньше, стараетесь следить за собой и даже занимаетесь фитнесом. Тем не менее врач выносит вердикт: «Не за горами патология сердца, сосудов, сахарный диабет». «Так что же делать, доктор?» — спрашиваете вы. «Ешьте меньше сладкого и жирного, ведите здоровый образ жизни, больше двигайтесь! Наконец, сядьте на диету!»

И вновь — ДИЕТА? Но вы ведь уже давно все перепробовали — сидели на кефире и яблоках, ели только морковку и огурцы, пили много зеленого чая и наконец морили себя голодом. Иногда вы теряли несколько килограммов, но набирали их снова и снова. Результат нулевой! Вы даже сократили количество спиртного и купили велотренажер, однако стрелка весов неизбежно продолжает отклоняться вправо.

И тогда, после очередного визита к врачу («Вы опять набрали вес!»), вы опускаете руки.

Правила сытой стройности

И, тем не менее, глубоко в душе вы не можете смириться с поражением в борьбе с лишним весом, потому что привыкли всегда и во всем побеждать. И вы вновь погружаетесь в поток информации, которая когда-нибудь должна же принести вам необходимое решение!

Найти это решение, а также успешно применить его на практике позволит эта книга, написанная не только профессионалом (более 20 лет я занимаюсь вопросами питания и лечением метаболического синдрома — болезни века, связанной с избыточной массой тела, осложнения которой являются первой причиной смертности во всем мире), но и пользователем — в начале 1990-х я сама столкнулась с проблемой лишнего веса и смогла похудеть на 30 килограммов!

Моей программой я давно поделилась со звездами, успешно поддерживающими свою физическую форму. Сегодня эта программа доступна и вам: она научит как, не снижая профессиональной активности, сберечь свое здоровье и избавиться от лишнего веса.

Итак, вперед! Давайте учиться и приобретать необходимые знания вместе.

От всего сердца желаю вам успеха и вдохновения!

1 ПУТЬ К СТРОЙНОСТИ

ФИЛОСОФИЯ ПИТАНИЯ
Сытые и стройные

«— **С**ытые и стройные»?!
Разве это возможно?
«— Да!»

Это подтверждает моя более чем двадцатилетняя практика работы с теми, кто избавляется от избыточного веса или ожирения.

На вопрос «В чем заключается Ваша диета?» я всегда отвечаю, что не люблю слово «диета», хотя оно в переводе с греческого и означает «образ жизни». Но большинству людей при слове «диета» вспоминаются прежде всего разные ограничения — например, для снижения массы тела или лечения язвенной болезни. И главное — то, что любая диета имеет временные рамки. Люди думают: «Посижу месяц-другой на диете — сброшу 5—8 кг, а дальше буду поддерживать этот вес». Результат

ФИЛОСОФИЯ ПИТАНИЯ

многие действительно получают, в том числе с использованием новомодных диет из глянцевых журналов, но сохраняют вес — лишь единицы.

В своей книге я пишу о необходимости здорового питания, соблюдая основные и доступные правила которого вы избавитесь от значительных и вредных для здоровья колебаний веса, то есть научитесь поддерживать свой весовой баланс и будете при этом получать удовольствие от еды.

Вы научитесь питаться правильно, потеряете лишние килограммы, причем еда не станет более «скучной».

Вы научитесь составлять свою индивидуальную программу питания и регулировать ее так, как вы умеете регулировать ваш семейный бюджет.

Прочитав эту книгу, вы поймете, что **большинство людей полнеют не от того, что едят много, а от того, что едят неправильно.**

Пунктуально следуя принципам правильного питания, вы почувствуете, как восстанавливается ваше здоровье, повышается работоспособность, как растет жизненная энергия, которую вы давно уже утратили.

Даже если у вас нет избыточной массы тела, я рекомендовала бы вам прочитать эту книгу, чтобы правильно регулировать свое питание и управлять весом всю жизнь.

Вопросы питания волновали человечество на протяжении всей его истории. Понятие «достаток» во многом определялся доступностью пищи и, прежде всего, ее количеством. В то же время качество пищевых продуктов оставалось как бы на втором плане и вопросам о том, ЧТО мы едим и какая пища полезна, а какая вредна, стали уделять внимание лишь в последнее столетие. И что удивительно — жить мы стали значительно лучше, а чувствуем себя существенно хуже. Определяющую роль в этом играет неправильное питание (наряду со стрессами и влиянием внешней среды).

14

Сытые и стройные • • • • • • • • •

Если раньше в основе многих заболеваний был недостаток пищи, что подрывало силы организма и не позволяло бороться со многими недугами, то сейчас причина болезней другая — избыточный вес. Бич нашей цивилизации — неуемное обжорство, приводящее к развитию ожирения и напрямую связанных с ним патологий сердца и сосудов, сахарного диабета и онкологических заболеваний.

Многие говорят о здоровом образе жизни и знают, что это понятие включает и здоровое питание. Однако далеко не каждый может объяснить, что такое здоровое питание и как следовать его принципам, в чем его необходимость и какова его непосредственная связь со здоровьем.

В Америке ожирение — как правило, проблема людей с низким уровнем дохода, так как они не имеют возможности правильно питаться. У нас же лишний вес чаще имеют довольно обеспеченные люди, которые, обладая средствами, могут позволить себе многое. Вот и позволяют. Но при этом веками выработанные и семейно закрепленные пищевые привычки только усугубляются.

Россия традиционно не отличалась высоким потреблением овощей и фруктов. Если в советский период зимой в средней полосе овощи и фрукты были редкостью, то сейчас они доступны в любое время года. Однако наши граждане упорно продолжают следовать сложившимся стереотипам, по-прежнему игнорируя растительную пищу. Картофель, как и раньше, остается любимым русским овощем. Особое отношение у нас и к хлебу, который всегда считался основой питания большинства россиян. По-прежнему предпочтение отдается изделиям из муки высшего сорта, что далеко не лучший выбор.

Отдельного разговора заслуживает и мясо, без которого многие россияне даже не мыслят нормального питания. Только мы при этом почему-то едим все больше производные продукты — сосиски и колбасы.

Из молочных продуктов отдаем предпочтение жирной сметане, молоку и сливочному маслу. Только в городах несколько меняется выбор в сторону более полезной кисломолочной продукции.

А сладкое? Чай без сахара — не чай.

Таким образом, в сознании многих наших сограждан бытует ошибочное мнение: чем сытнее и жирнее наша пища, тем лучше. А «благодаря» такому питанию мы неизбежно набираем и набираем лишний вес. Безусловно, это отголоски тех времен, когда в России были перебои с питанием.

Современный человек научился ходить по Луне, овладел нанотехнологиями, сделал свою жизнь максимально удобной... — но разучился правильно есть.

Самая большая в мире страна идет, как ни странно, по пути физического вырождения своего населения. Если это цена, которую приходится платить за прогресс,— есть над чем задуматься.

Серьезную обеспокоенность вызывает тот факт, что **сейчас в России наибольший процент страдающих ожирением встречается среди молодежи и детей.** Это нетрудно объяснить, если посмотреть, сколько заведений fast food появилось в наших городах за последние годы. Предаваясь моде, выгодно рекламируя эту еду и экономя время на традиционном приготовлении пищи, мы невольно подталкиваем наших детей к усвоению тех привычек, которые для самих себя считаем недопустимыми. В отношении общества к детскому и подростковому питанию нужно многое менять!

Если в зоопарке животные начинают вести себя неадекватно, зоологи проверяют, каким был их корм, потому что знают, что именно в этом заключается условие выживания вида. Если же человек просыпается утром с невыносимой головной болью и неприятным запахом изо рта, весь покрытый сыпью и т. п., не каждый врач спросит, как он питается. Если мы заправим свой любимый автомобиль дизельным топливом вместо положенной марки бензина — он просто не поедет. То есть получается, что животные и автомобили в двадцать первом веке еще могут рассчитывать на внимательное к себе отношение, а человек такого внимания полностью лишен. **Настало время пересмотреть взгляды на то, что мы едим.**

• Сытые и стройные • • • • • • • • •

Питание — это личное дело каждого человека. Кто-то любит овощи и фрукты, а кто-то дня не может прожить без мяса. Характер питания в определенной мере сказывается на том, как мы выглядим и чувствуем себя, в каком настроении находимся. От принятой пищи зависит, как ясно мы мыслим, насколько мы жизнеспособны, работоспособны и энергичны. Наши физические ресурсы, растрачиваемые постоянно, зависят от того, чем мы питаемся. То есть «мы — это то, что мы едим»!

Если мы научимся правильно есть — мы научимся управлять жизнью.

По меткому определению Арнольда Глазгоу: «Тело — багаж, который несешь всю жизнь. Чем он тяжелее, тем короче путешествие».

По статистике более 95% людей, снизивших свой вес, через какое-то время возвращаются к нему, а иногда и набирают еще несколько лишних килограммов. Почему же это происходит?

Дело в том, что любая кратковременная «диета» преследует лишь одну цель — быстро сбросить несколько килограммов. Посмотрите на большинство из таких диет, и вы убедитесь, что в них четко расписаны рекомендуемые продукты и их количество — на одну-две недели, иногда на месяц. А что дальше? Ведь нельзя же постоянно жить, сильно ограничивая себя в еде. И человек вновь начинает питаться согласно старым привычкам и стереотипам. В результате — избыточный вес вновь возвращается. Краткосрочные диеты, к сожалению, не формируют главное — правильное пищевое поведение и навыки рационального питания.

Но есть ли альтернатива краткосрочным диетам, а также прочим радикальным методам избавления от лишней массы тела? Да, есть! Это специально разработанные комплексные программы питания, в основе которых лежит изменение образа жизни и пищевого поведения человека.

В обществе устойчиво живут мифы о причинах избыточной массы тела, одним из которых является так называемая генетическая предрасположенность. Но надо понимать, что генетически многие унаследовали лишь особенность *быть предрасположенным* к избыточной массе тела. Реализуется или не реализуется эта особенность, зависит от самого человека и его образа жизни. В ситуациях, когда все члены одной семьи слишком полные, виноваты, как правило, «фамильный» стереотип питания и неправильное пищевое поведение, закрепленные в этой семье.

Поэтому очень важно уже с малых лет воспитывать правильные гастрономические привычки и формировать правильное пищевое поведение. Этим мы сохраним здоровье нашим потомкам.

Очень важно, когда и как вы едите. Мы берем от пищи не только физическую энергию, но и эмоции, а на это влияют и сервировка стола, и красивый внешний вид еды, а также ее вкусный запах. Помните — как вы поедите, так и проведете день. Если проглотите свой завтрак второпях, кое-как пережевывая его под звуки тяжелого рока, то нельзя исключить, что весь день вы будете возбуждены и беспокойны. А если позавтракаете в приятной обстановке, неспешно пережевывая, то наверняка выйдете из-за стола вполне бодрым и умиротворенным и сохраните эти ощущения на весь день.

Правильно ли мы оцениваем количество пищи, которую нужно съесть в течение дня, чтобы получить нужное количество энергии?

Аппетит, голод и насыщение — очень важные сигналы нашего организма, под влиянием которых и возникают конкретные мотивации нашего пищевого поведения. Если бы мы принимали пищу только при чувстве голода и прекращали есть при неполном насыщении — проблем с весом было бы меньше.

Аппетит — стремление человека съесть определенную пищу. Он имеет эмоциональную окраску, а именно приятные ощущения, которые и сопровождают еду. Аппетит может быть частью ощущения голода, а может возникать независимо от того, нужна сейчас организму пища или не нужна. Поэтому аппетит — не очень надежная сигнальная система: можно увлечься едой и получить лишние калории, которые на самом деле в данный момент организму не нужны и останутся в теле в виде жира. Неспроста у людей с избыточным весом очень часто бывает повышенный аппетит, а это прямой путь к хроническому перееданию.

В отличие от аппетита **ГОЛОД** — это физиологическая потребность организма в пище или инстинктивное понимание необходимости приема еды. Голод сопровождается ощущением пустоты и спазмов в желудке; сигнализирует о том, что питательные запасы в организме находятся ниже уровня энергетической потребности. Именно голод является тем самым индикатором, на который следует ориентироваться. Но и здесь надо быть осторожным — только при медленной еде на смену голоду приходит насыщение, которое и будет самым точным сигналом к прекращению еды. Но самое правильное — есть до того, как наступит голод. Это позволит вам не переедать.

Следует упомянуть и о чувстве меры, то есть о количестве пищи, которое следует съедать в течение суток для снижения массы тела или поддержания веса. Для достижения положительного результата необходимо твердо знать достаточные размеры каждой порции и энергетическую ценность пищевого рациона на день. Энергетическая ценность всех пищевых продуктов уже давно высчитана, поэтому при желании, воспользовавшись специальными таблицами [*], можно легко рассчитать свои энергетические потребности и правильно составить свой пищевой рацион. И запомните главное: **никогда не садитесь на диету, которой не сможете придерживаться всю жизнь.**

Только профессиональный и комплексный подход врача при волевом участии пациента позволяет отрегулировать аппетит и сделать слаженной работу центров голода и насыщения, помогает устранить пищевые привычки и изменить качество питания.

---

[*] См. раздел «Счетчик калорий».

ФИЛОСОФИЯ ПИТАНИЯ

Помните: еда в спешке, в качестве социальной обязанности или из-за привычки вредна для человека. Количество, качество пищи и частота ее приема должны определяться правилами рационального питания. Только в этом случае пища приносит истинное удовольствие и настоящее здоровье.

И еще: двигайтесь как можно больше! Быть ленивым — это скучно!

Выбирайте общение с позитивными людьми. Если вы точно решили худеть, делайте это с удовольствием! Выработайте для себя такую концепцию жизни и новую идеологию, при которых все, что бы вы ни делали, шло вам только во благо.

ДИАГНОСТИКА ВАШЕГО ВЕСА
Арифметика стройности

Прежде чем приступать к снижению избыточной массы тела, необходимо ответить себе на один важный вопрос:

«— А нужно ли вообще вам худеть?»

Многие из тех стандартов, которые навязывают нам СМИ, далеко не всегда соответствуют истине. Действительно некоторые топ-модели и кинозвезды очень худы. Но надо ли абсолютно быть похожими на своих кумиров? Учитываете ли вы при этом особенности своего телосложения и генетически определённую конституцию? Нередко погоня за чрезвычайной худобой заканчивается проблемами со здоровьем и психическими срывами. **Ваша цель**, прежде всего, состоит в том, чтобы **достичь оптимального веса и психического равновесия**, то есть внутренней гармонии, максимально сохранив индивидуальность.

Идеален тот вес, при котором вы чувствуете себя наиболее комфортно. Это основное правило, которым я руководствуюсь, работая со своими пациентами. Не так уж важно, есть у вас складочки на животе или нет. Если вы просыпаетесь утром и чувствует себя здоровым и счастливым, если смотрите на собственное отражение в зеркале, и оно вам нравится, если вы с удовольствием проживаете день, вы работоспособны, позитивны, уверены в себе — какой смысл что-то менять? Зачем? Чтобы соответствовать стандартам, которые неизвестно кто выдумал? Принесет ли это радость? Ведь для такого соответствия придется изменить себя, изменить свое Я. То есть, по сути, отказаться от собственного Я в угоду непонятным нормам, правилам и требованиям. Подумайте: не утратите ли вы ощущение радости и полноты жизни, потеряв несколько, порой совсем не лишних, килограммов?

Обмен веществ человека устроен таким образом, чтобы обеспечить нормальную жизнедеятельность организма в любых условиях существования. Прежде всего, устоять и выжить в стрессовых ситуациях. А их бывает великое множество и одной из главных является нехватка пищи, говоря проще — длительный голод. Поэтому способность запасать питательные вещества является жизненно необходимой функцией организма, и осуществляет ее жировая ткань, которая состоит из отдельных жировых клеток, носящих название адипоциты. Сам адипоцит представляет собой большую каплю жира, которая оттесняет другие клеточные элементы на периферию. Интересно, что количество этих клеток в течение жизни практически не меняется. Однако в периоды значительной прибавки массы тела, в условиях избыточного питания, может происходить деление переполненных жировым содержимым клеток с увеличением их количества. Причем риск увеличения числа жировых клеток приходится на последний месяц внутриутробного развития плода, первый год жизни ребенка и период полового созревания. Поэтому особенно тщательно необходимо следить за питанием ребенка именно в эти ответственные периоды. Увеличение числа жировых клеток возможно также и в случаях патологического ожирения, то есть при очень значительной прибавке массы тела, которая и происходит в основном за счет жировой ткани. В других случаях — лишь увеличение объема самих клеток, то есть растягиваются клеточные мембраны и увеличивается жировая капля в них.

Давайте вспомним, что очень многие животные в условиях сурового климата впадают в зимнюю спячку, предварительно существенно прибавив в объемах за счет запасенного в теплое время года жира. Например, медведь. А каким тощим он выходит из своей берлоги ранней весной! Весь нагулянный жир бесследно исчез, но благодаря ему животное осталось живо и здорово. То же происходит и в организме человека. Наши древние предки тоже выживали благодаря своим жировым запасам, и наиболее толстые из них, вероятно, и были самыми успешными и сильными. Но за тысячелетия условия жизни сильно изменились. У современных людей нет необходимости целыми днями гоняться за мамонтами, расходуя лишний жир и приходя при этом в отличную форму. Несмотря на то что каждый из нас предрасположен к умеренности в еде, повсеместная атака рекламы разнообразных пищевых продуктов постоянно стимулирует желание есть больше. Наряду со многими другими этот фактор в итоге привел к тому, что средний представитель развитых стран значительно прибавил в весе. Увеличился риск таких заболеваний, как ишемическая болезнь сердца, гипертоническая болезнь, сахарный диабет. А распорядок современной жизни настолько перегружен, что времени на занятия спортом практически не остается. К тому же в нашей жизни появились автомобили, холодильники, телевизоры и любимые диваны, что привело к еще большему снижению двигательной активности, а пища стала значительно более доступной. Но физиологические процессы в человеческом организме при этом не изменились — он продолжает запасать жир, что называется, «на черный день», который, к счастью, наступает все реже и реже. А жировые отложения все накапливаются и накапливаются...

Отложение жира является нормальным физиологическим процессом, который необходим для выживания человека.

Что же такое ожирение? Выдающийся российский эндокринолог В. Г. Баранов под *ожирением* понимает «*патологическое состояние, обязательным компонентом которого является избыточное накопление жира в местах его физиологических отложений*». А раз «патологическое состояние» — значит, уже болезнь. Таким образом, **все люди со значительным избыточным весом являются людьми больными**, правда, часто сами они этого не осознают или даже не подозревают об этом. В обществе, и не только в нашей стране, еще нет, к сожалению, серьезного отношения к этой проблеме. Хотя упомянутые хронические заболевания очень дорого обходятся больным и самому обществу. Около 80% населения планеты проживают в районах, где основной причиной смертности являются именно хронические заболевания, а не инфекционные. По всему миру затраты на их лечение ложатся огромным финансовым грузом как на каждого человека, так и на общество в целом. По прогнозам специалистов к 2025 году число лиц с выраженным ожирением может достичь 40% среди мужчин и 50% среди женщин.

Только в столице число людей с пышными формами в последние годы увеличилось вдвое и достигло 40%. Поэтому не случайно основной упор делается на профилактику заболевания и пропаганду здорового образа жизни.

Моя пропагандистская стратегия заключается в том, чтобы предоставить людям доступную для понимания информацию о питании как образе жизни, которому легко следовать. Ведь здоровые привычки, подходящая программа питания, достаточный уровень физических нагрузок и, при необходимости, адекватная терапия — все это способно минимизировать развитие ожирения и увеличить продолжительность жизни.

В настоящее время в России не менее 30% трудоспособного населения имеют избыточную массу тела, а 25% — ожирение

Как же узнать, когда излишек веса становится по-настоящему серьезной проблемой?

Если посмотреть на людей с избыточным весом, можно отметить, что внешне они значительно отличаются друг от друга. Это зависит не только от количества жира, но и от того, в каких местах жир преимущественно накапливается. Например, у мужчин жировые отложения чаще формируются в области живота, и их фигура приобретает форму яблока. Такое отложение жира обусловлено особой активностью мужских половых гормонов и называется **андроидное** ожирение. У женщин жир откладывается, в основном, на бедрах и ягодицах. Такое отложение жира также зависит от активности половых гормонов — в данном случае женских. Силуэт женщины становится похож на грушу, а ожирение носит название **гиноидное**. Этот жир, скапливающийся в нижней части тела,— своего рода стратегический запас, резервный источник энергии на случай беременности или кормления грудью.

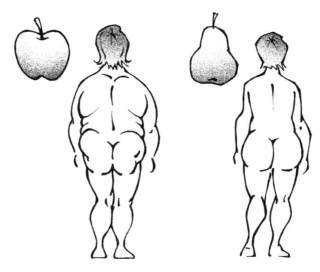

Андроидное ожирение   Гиноидное ожирение

Выделяют еще и смешанную форму ожирения, которая наблюдается при особенно больших отложениях жира.

Отложение жира в области живота несет большую угрозу здоровью, так как именно при таком типе ожирения чаще развиваются сахарный диабет, артериальная гипертония, заболевания опорно-двигательного аппарата, некоторые онкологические процессы и бесплодие.

Но не только генетические факторы и гормональный фон определяют форму ожирения. Установлено, что отложению жира в области живота способствуют постоянные стрессы, курение и злоупотребление алкоголем.

• Определение типа ожирения • • • • • •

Определить тип ожирения достаточно просто. Для этого нужно измерить окружность талии и бедер, а затем подсчитать их соотношение.

Окружность талии нужно измерять между подреберьем и тазовой костью по средне-подмышечной линии. Подойдет для этого обычная сантиметровая лента.

Встаньте прямо и расслабьте плечи. Убедитесь, что лента плотно прилегает к телу, но не вдавливается в кожу и расположена параллельно полу. Теперь выдохните и задержите дыхание — окружность талии всегда измеряется на задержке дыхания — это очень важно.

В норме объем талии у женщин не должен превышать 80 сантиметров, а у мужчин — 94 сантиметра. Если же эти показатели больше — значит, в области живота присутствуют избыточные отложения жира. Для диагностики абдоминального типа ожирения, то есть отложения избыточного жира преимущественно в брюшной полости объем талии (ОТ) у мужчин должен быть более **102** сантиметров, а у женщин — более **88** сантиметров.

Затем необходимо измерить окружность бедер (ОБ). Окружность бедер нужно измерять по самой выступающей части ягодиц, также держа ленту параллельно полу.

Теперь остается только разделить объем талии на объем бедер. Если соотношение превышает 0,85 у женщин и 1,0 у мужчин, то ожирение андроидное.

Объем талии наиболее точно отражает риск развития сердечно-сосудистых заболеваний и с каждым лишним сантиметром он возрастает приблизительно на 6%.

Но объемы — это еще не все. Знать важно не только форму ожирения, но и степень его выраженности, а также — есть ли оно вообще.

Сейчас наиболее информативным показателем степени ожирения считается индекс массы тела (ИМТ) — формула, с помощью которой специалисты во всем мире оценивают отношение массы тела взрослого человека к его росту, возведенному в квадрат. Этот показатель очень удобен, так как у большинства людей он тесно коррелирует с количеством жировой ткани.

Рассчитать его просто — нужно разделить массу тела на рост в квадрате.

Но учтите, что этот показатель может оказаться не совсем точным у людей с хорошо развитой мускулатурой, а также у тех, кто по каким-то причинам потерял большое количество мышечной ткани. Неточным он будет и у беременных женщин. А для детей есть отдельная методика расчетов.

Итак, для вычисления индекса массы тела первым делом необходимо узнать свой рост и вес.

Взвешиваться нужно утром, после опорожнения кишечника и мочевого пузыря, натощак, в одинаковой легкой домашней одежде. Кроме того, для исключения ошибок следует использовать одни и те же весы. И не стоит взвешиваться чаще одного раза в день. Дело в том, что в течение суток может наблюдаться значительное изменение массы тела. Вы же едите в течение дня, правильно? И съеденная порция, уютно лежащая в желудке, может очень легко прибавить вам лишние граммы. Вообще, взвешиваться лучше всего один-два раза в неделю. Этого вполне достаточно, чтобы не пропустить момент, когда вес начнет меняться в ту или другую сторону.

Измерять рост нужно также в одно и то же время, лучше всего — утром. В течение дня рост человека может уменьшиться на 0,5–2 см и более.

• Индекс массы тела • • • • • • • • •

Теперь, когда у вас есть все необходимые данные, займемся математикой. Вот так выглядит формула, по которой определяется индекс массы тела:

$$\text{ИМТ} = \text{масса тела (кг)} : \text{рост}^2 \text{ (м)}$$

Возьмем для примера расчетов женщину весом 73 кг с ростом — 160 см, то есть 1,6 м.

Подсчет производим следующим образом: делим 73 на 2,56 (1,6 x 1,6) и получаем 28,5. То есть индекс массы тела нашей условной «модели» — 28,5. Много это или мало и что это означает?

Чтобы ответить на этот вопрос, посмотрим в приведенную ниже таблицу:

Классификация ожирения по ИМТ (ВОЗ, 1997)

Типы массы тела	ИМТ (по Кетле)
Дефицит массы тела	< 18,5
Нормальная масса тела	18,5–24,9
Избыточная масса тела	25,0–29,9
Ожирение I степени	30,0–34,9
Ожирение II степени	35,0–39,9
Ожирение III степени	40 и более

Итак, мы видим, что 28,5 соответствует избыточной массе тела.

А теперь вычислите свой ИМТ и запишите сюда полученные данные:

Ваш вес (кг) ⬭⬭⬭ : *ваш рост^2 (м)* ⬭⬭⬭ = *ИМТ* ⬭⬭⬭

Арифметика СТРОЙНОСТИ •

Под избыточной массой тела понимают превышение установленных стандартов массы тела по отношению к фактическому росту, но отложения жира при этом еще выражены не столь значительно и четко не проявляются.

Так что ИМТ 28,5 это еще не ожирение, но при таком показателе у большинства людей объем талии может превышать опасные пределы (102 см у мужчин и 88 см у женщин). Поэтому в данной ситуации некоторое снижение массы тела пойдет только на пользу — уменьшение веса даже на несколько килограммов заметно улучшит самочувствие.

В некоторых странах, например в Норвегии, существует определенное отличие в оценке критериев массы тела. Ввиду того, что в подавляющем большинстве случаев вес у людей по разным причинам постепенно возрастает с годами, при оценке ИМТ предлагается учитывать и возраст человека. Поэтому для разных возрастных групп применяется следующая таблица.

Индексы нормальной массы (ИМТ) тела для различных возрастных групп

Возраст (лет)	Индекс массы тела
19–24	19–24
25–34	20–25
35–44	21–26
45–54	22–27
55–65	23–28
Старше 65	24–29

Соответственно сдвигаются показатели и для оценки избыточной массы тела и степени ожирения.

Ваш ИМТ с учетом возраста:

• Индекс массы тела • • • • • • • • • • •

Как видите, метод очень прост. Всего-то нужно иметь под рукой весы, сантиметровую ленту и наш замечательный калькулятор ИМТ, который вы найдёте в конце этой книги. Но, как и все простые и доступные методы, он имеет свои недостатки. Следует учитывать, что чрезмерное или недостаточное развитие мускулатуры может сказаться на точности определения ИМТ. То есть возможны варианты, когда у человека с хорошо развитыми мышцами показатель ИМТ сообщит об избыточной массе тела. Но в таком случае речь идёт не о лишнем жире, а о накачанных мышцах. А это совсем другое дело, ведь мышечная масса никакой угрозы здоровью не несёт, и даже наоборот. Поэтому снижение массы тела у таких людей на повестке дня не стоит.

Есть ли более точные способы определения лишнего жира? Конечно, есть. В норме на мышцы приходится приблизительно 42% веса от общей массы тела, на кости скелета — около 16%, на кожу — 18%, на внутренние органы — около 8%. Жир в организме накапливается с возрастом. Если в 25-летнем возрасте у мужчин жировые отложения составляют всего около 14% массы тела, а у женщин — 26%, то к 40 годам этот показатель увеличивается до 22% и 32%, а к 55 годам до 25% и 38% соответственно. Так вот при ожирении количество жира в организме увеличивается до 50% и более! Значит, нам просто нужно определить процентное отношение жировой ткани к общей массе тела. Звучит сложновато, но на деле — проще простого.

Для этого вам понадобится специальный инструмент — калиппер или простой штангенциркуль. Калиппером измерять толщину жировой складки проще, да и результат получается точнее. Сложность в том, что приобрести этот инструмент можно далеко не в каждом магазине. Придётся поискать.

Допустим, калиппер вы нашли. Что дальше?

Для начала обнажите область живота — через одежду жировую складку измерять нельзя. Встаньте ровно, не сутультесь. Возьмите калиппер в правую руку. Большим и указательным пальцами левой руки мягко захватите кожную складку справа от пупка вместе с подкожным жиром и слегка оттяните её вперёд, как бы отделяя от мышц.

Теперь наложите концы калиппера посередине между основанием и вершиной складки. Продолжая удерживать складку левой рукой, медленно надавливайте большим пальцем правой руки на платформу калиппера, пока не услышите щелчок. Всё, можно снимать показания.

Прежде чем давать конкретные цифры, назову несколько правил, которые обязательно нужно соблюдать, измеряя калиппером жировую складку:

- измеряйте складку на правой половине тела. Так вам будет гораздо удобнее;
- не пользуйтесь калиппером в местах с поврежденной или больной кожей. Лишние проблемы вам ни к чему;
- чтобы легче было захватить складку правильно, не пользуйтесь перед измерением кремами и лосьонами. Кожа должна быть сухой и чистой;
- не измеряйте жировую складку сразу после физической нагрузки или посещения сауны — под кожей может скопиться жидкость, и результаты получатся неточные;
- измерять складочку лучше в одно и то же время одним и тем же инструментом.

Для большей точности измерить величину кожно-жировой складки лучше в нескольких точках, так как жировые отложения распределены в теле неравномерно. В этом случае вам придется воспользоваться посторонней помощью.

Наиболее часто измерение производят:

1. над трехглавой мышцей плеча (трицепсом);
2. над двуглавой мышцей плеча (бицепсом);
3. под углом лопатки;
4. на уровне пупка;
5. посередине между лобком и пупком.

После получения нескольких показателей нужно найти среднеарифметическое значение путем сложения результатов всех измере-

• Содержание жира в организме • • • •

ний и деления полученной суммы на количество произведенных измерений.

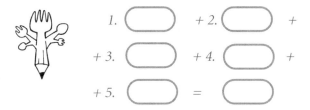

Для определения содержания жира в вашем организме воспользуйтесь нижеприведенной таблицей.

**Определение содержания жира в теле взрослых людей
по толщине кожно-жировой складки (КЖС)**

КЖС (мм)	% жира в теле		КЖС (мм)	% жира в теле		КЖС (мм)	% жира в теле	
	М	Ж		М	Ж		М	Ж
4–5	6	7	20–21	24	30	36–37	31	37
6–7	11	13	22–23	25	30	38–39	31	38
8–9	13	16	24–25	26	32	40–41	32	39
10–11	16	20	26–27	27	32	42–43	33	39
12–13	19	23	28–29	28	34	44–45	33	40
14–15	21	24	30–31	29	35	46–47	34	41
16–17	22	27	32–33	30	36	48–49	34	42
18–19	23	28	34–35	30	37	50	35	42

Содержание жира в вашем организме:

В норме толщина жировой складки в возрасте до 30 лет не должна превышать 2–3 сантиметра, но после 30 лет может увеличиться до 3–4 сантиметров.

• • • • Арифметика СТРОЙНОСТИ •

Итак, вы измерили толщину своих жировых складочек в нескольких местах, произвели нехитрые арифметические действия и получили результат, идем дальше.

Если вам хочется знать, на сколько процентов ваша масса тела отличается от нормы, можете воспользоваться следующей формулой:

$$ИзбМТ = \frac{ФМТ - НМТ}{НМТ} \times 100$$

Расшифруем сокращения:
ИзбМТ — избыток массы тела в %;
ФМТ — фактическая масса тела в килограммах;
НМТ — нормальная масса тела в килограммах.

Мы с вами уже определились, что стремиться к идеалу, то есть идеальной массе тела совершенно необязательно, но что же это все-таки за показатель?

В настоящее время, с медицинской точки зрения, *идеальная масса тела* — это такой вес, при котором предполагается наибольшая продолжительность жизни. Таким образом, данный показатель может быть хорошим ориентиром и мотивацией для нормализации массы тела. И все же следует иметь в виду, что этот показатель весьма абстрактный.

На практике следует ориентироваться на нормальную массу тела, которая рассчитывается по простой формуле Брока, столь популярной многие десятилетия: «Вес должен составлять рост в сантиметрах минус 100». Несложное арифметическое действие — и вы можете легко узнать свою нормальную массу тела.

Нормальная масса тела = рост – 100

• Идеальная масса тела • • • • • • •

Бругш модифицировал формулу Брока и предложил разделить людей на группы в зависимости от их роста. С учетом этого формула приобретает следующий вид:

нормальная масса тела = (рост ниже 155 см) − 95
нормальная масса тела = (рост 155−165) − 100
нормальная масса тела = (рост 165−175) − 105
нормальная масса тела = (рост выше 175 см) − 110

А как же определить, каким вес должен быть в идеале, то есть какова идеальная масса тела? Для этого следует лишь вычесть из полученного результата 10%. Правда несложно?

Идеальная масса тела = нормальная масса тела − 10%

Например, нормальный вес нашей условной «модели», которая весит сейчас 73 кг при росте 160 см,— 60 кг (160 − 100 = 60), а идеальный — 54 кг (60 − 6 = 54).

Но для всех ли подходят данные формулы? Оказывается, нет. Следует признать, что эти формулы не учитывают телосложение человека. Гиперстеникам, то есть людям с ширококостным типом сложения, бывает очень сложно потерять пару килограммов, лишь потому, что для них они вовсе не лишние! И это очень важно помнить. Иначе человек начинает гнаться за цифрами, а эта погоня разрушает его, как физически, так и эмоционально. Пропадает радость жизни, появляются комплексы, приходят тягостные мысли, что вес далек от идеала, хотя его от заветной цели отделяют лишь два-три килограмма.

• • • Арифметика СТРОЙНОСТИ •

В зависимости от типа телосложения[*] к полученной величине нормального веса следует прибавлять или отнимать еще 10%.

В нашем примере, у нашей толстушки, — гиперстеническое телосложение, поэтому к полученным 60 кг прибавляем еще 10%, что составляет 6 кг. Таким образом, нормальный вес нашей «модели» будет составлять 66 кг, и для его достижения ей необходимо сбросить 7 кг, то есть менее 10%.

Ваш нормальный вес: ⬭   Рост (см) – 100

Ваш идеальный вес: ⬭   Нормальный вес (кг) – 10%
                            от нормального веса

Избыток веса (%): ⬭   Ваш вес (кг) –
                            нормальный вес (кг) :
                            : нормальный вес (кг) × 100

Избыток массы тела более 10% является признаком ожирения.

---

[*] Существует 3 типа телосложения: нормостеническое, гиперстеническое и астеническое.

Для **нормостенического телосложения** характерно: индекс Соловьева (окружность самого тонкого места на запястье) для мужчин равен 18–20, а для женщин — 15–17 см. Такое телосложение отличается пропорциональностью основных размеров и правильным их соотношением.

Для **гиперстенического телосложения** характерно: индекс Соловьева более 17 см у женщин и более 20 у мужчин. У представителей гиперстенического (ширококостного) телосложения поперечные размеры тела значительно больше, чем у нормостеников и особенно астеников. Их кости толсты и тяжелы, плечи, грудная клетка и бедра широкие, а ноги короткие.

Для **астенического телосложения** характерно: индекс Соловьева менее 15 см у женщин и менее 18 у мужчин. У людей, имеющих астенический (тонкокостный) тип телосложения, продольные размеры преобладают над поперечными: конечности длинные, тонкая кость, шея длинная, тонкая, мышцы развиты сравнительно слабо.

Оптимальная масса тела ● ● ● ● ● ●

Так все-таки к достижению какой массы тела следует стремиться?

Когда мне задают вопрос о целесообразности достижения идеальной массы тела, я всегда стараюсь узнать, для чего, собственно, человеку это нужно и позволит ли состояние его здоровья решить эту задачу.

В моей практике встречалось немало людей, относящихся к своей внешности по-разному, порой не совсем адекватно ситуации. У одного сантиметровая складочка на талии превращалась во «вселенскую трагедию», и убедить человека в отсутствии проблемы было очень сложно. Другие до прихода ко мне на прием и начала серьезной работы в нашем вечно спешащем обществе вовсе не обращали внимания на значительную прибавку в весе, и уж тем более не задумывались о последствиях ожирения. Вот им-то и объясняю, что индекс массы тела более 30 — серьезная проблема, которая может нанести непоправимый вред здоровью, что скажется и на качестве жизни. Наконец, есть такие, у которых есть небольшой излишек веса. Но они позитивны, уверены в себе, работоспособны, имеют хороший уровень энергии и прекрасно ладят с окружающими. Убеждать в необходимости сбросить несколько лишних килограммов таких людей не приходится. С помощью специальной аппаратуры я провожу диагностику состава тела человека: сколько жира отложилось в области живота, каково состояние мышечной массы, нет ли в тканях лишней жидкости, каково процентное соотношение жира в организме, наконец, насколько его вес отличается от нормы. Мы вместе с учетом всех «за» и «против» вырабатываем индивидуальный стиль питания, говорим о необходимости, целесообразности и режиме физических нагрузок. В итоге — человек получает и поддерживает результат.

Иногда ко мне на прием приходят девочки со словами: «Я не нравлюсь сама себе. Мне сказали, что нужно похудеть». Ну почему? Кто придумал эти вожделенные 90 x 60 x 90?

Сухая математика не может учитывать индивидуальные особенности роста, телосложения, конституции и пропорций. Важно научить человека ставить реальные цели, подчеркивать то, что наиболее этого заслуживает, и радоваться всему остальному. Важно убедить в необходимости сохранить индивидуальность, быть свободным и независимым от чужого мнения и супермодных тенденций. Тем более, они завтра могут измениться, поскольку куда более быстротечны, чем сама жизнь. Ведь только так можно будет сразить всех своей сексапильностью, обаянием и уверенностью в собственной неотразимости.

Самыми информативными показателями определения веса являются простая формула нормальной массы тела и ИМТ.

Каждый из нас имеет определенный физиологический конституционный коридор, в пределах которого, без больших отклонений по курсу, мы и должны идти по жизни, не впадая в крайности. Любые отклонения — в сторону избытка или существенного недостатка массы тела — путь к болезни и существенному снижению качества жизни.

Поэтому при оценке идеальной массы тела я как врач прежде всего учитываю состояние здоровья каждого конкретного человека и отсутствие рисков, связанных с его весом. Если вы работоспособны, имеете высокий уровень энергии, достаточную мышечную силу и выносливость, у вас хорошие кожа, волосы, ногти, наконец, вы позитивно воспринимаете мир и себя в нем, и при этом ваш вес и индекс массы тела в пределах нормальных значений — этот вес для вас идеален.

ПОЧЕМУ МЫ ТОЛСТЕЕМ? Причины избыточной массы тела

В настоящее время уже твердо установлено, что в основе увеличения массы тела лежат несколько групп факторов:

1. Избыточное потребление пищи.
2. Низкая физическая активность.
3. Генетическая предрасположенность.
4. Заболевания, приводящие к снижению обмена веществ.

И все же основная роль отводится первым двум группам.

Набор **избыточной массы тела обусловлен,** прежде всего, дисбалансом между потреблением энергии, получаемой с пищей, и ее расходованием на различные физиологические процессы в организме. Если энергии расходуется меньше, чем поступает в организм, то ее излишек откладывается как бы про запас. Следовательно, чтобы уменьшить массу тела, необходимо расходовать энергии больше, чем ее поступает, используя для этой цели жировые «депо» организма.

Казалось бы, все очень просто — меньше есть и больше двигаться, и все у вас получится. Это действительно так, но достичь существенных положительных результатов и, главное, удержать их удается далеко не всем. Поэтому нужно не только выполнять рекомендации по правильному питанию и физическим нагрузкам, но и, что не менее важно, понять: почему были набраны лишние килограммы?

> **Чтобы процесс снижения массы тела был эффективным, для начала нужно разобраться в причинах появления лишнего веса!**

Чрезмерное потребление пищи, неправильное пищевое поведение и низкая физическая активность — главные причины избыточного веса. Это знают практически все.

Но какие же еще факторы способствуют набору лишнего веса и развитию ожирения?

Возраст играет в этом непоследнюю роль. Выделяют особый тип ожирения — возрастной. Установлено, что максимальная потребность в калориях наблюдается у человека в возрасте примерно 25–30 лет. В дальнейшем происходит снижение интенсивности обменных процессов в организме приблизительно на 0,5% ежегодно. И, если с возрастом не изменить пищевой рацион и режим питания, постепенно и незаметно это может привести к увеличению массы тела. После 30 лет при отсутствии активной физической нагрузки мышечная масса уменьшается со скоростью около 250 г в год. При этом заметно начинает накапливаться жир. А так

Возраст

как мышечная ткань обладает более высокой скоростью обмена веществ и, следовательно, потребляет больше энергии, уменьшение ее массы приводит к снижению энергообмена и, как следствие этого, — к отложению и накоплению массы жировой.

Кроме того, возрастное ожирение связано с нарушением деятельности целого ряда центров головного мозга, в том числе и центра голода. С возрастом требуется все большее количество пищи, чтобы утолить голод. Очень часто, незаметно для себя, многие люди начинают есть больше, чем необходимо, то есть — переедают. Это бывает связано и с возрастным снижением чувствительности рецепторов полости рта. Поэтому и приходится добавлять к продуктам больше соли и других специй, создавая себе вкус жизни, а аппетит при этом повышается, да и жидкость существенно задерживается в организме, создавая условия для набора лишних килограммов.

К тому же с годами постепенно снижается активность щитовидной железы, которая вырабатывает гормоны, участвующие в обмене веществ.

Все это значит, что с годами для поддержания стабильной массы тела требуется уменьшать потребление пищи, несущей в себе избыточную энергию. Это и будет одним из основных ключей к успеху.

Необходимо помнить, что другой причиной прибавления массы тела у людей старше 30 лет может быть не столько переедание, сколько снижение энергозатрат и потребности в энергии, вследствие уменьшения скорости метаболизма.

В связи с тем, что мышечная масса с возрастом прогрессивно уменьшается, на поддержание мышечного тонуса требуется значительно меньше энергии, поэтому и расходуется ее значительно меньше, а следовательно, возникает предрасположенность к отложению жира. Значит, требуется постоянно «подзаряжать» мышцы с помощью дополнительных физических нагрузок, чтобы они не уменьшались в объеме и не снижался их жизненный тонус.

Почему мы толстеем?

Чаще от избыточного веса страдают именно женщины. Почему это происходит?

В течение жизни женщины в ее организме несколько раз происходит гормональная перестройка, и все эти периоды, как правило, сопровождаются заметной прибавкой в весе. Уже давно подмечено, что, чем раньше у девочки появляется первая менструация, тем больше вероятность, что в зрелом возрасте у нее будет избыточный вес. Так, среди тридцатилетних женщин, у которых было раннее **половое созревание**, избыточный вес отмечается в 26% случаев, а при позднем — лишь в 15%. Разница заметная! К тому же именно в период полового созревания происходит существенная прибавка в весе, причем, как у мальчиков, так и у девочек. Дорогие родители, вам обязательно следует учитывать это и больше внимания уделять пищевому рациону своих детей, особенно во время полового созревания, когда на фоне гормональной перестройки при переедании происходит и деление жировых клеток. Если этого не сделать — генетически переданная предрасположенность к избыточному весу у ребенка может удвоиться в данный период.

Вторым периодом в жизни женщины, когда наблюдается гормональная перестройка, является **беременность**. Обычно за время беременности к моменту родов прибавка в весе составляет от 11 до 16 кг, а каждая беременность добавляет лишних 2—3 кг. Но важнее даже не то, сколько килограммов набирает женщина за беременность, а скорость, с которой это происходит. Если масса тела увеличилась преимущественно в первом триместре, значит, основная часть энергии пошла не на рост плода, а отложилась в жировых «депо» будущей мамы. Оптимальной прибавкой в первом триместре врачи считают не более 2 килограммов. После родов, в норме, происходит постепенное снижение массы тела, что наблюдается уже в период кормления грудью.

Некоторое ограничение в калорийности пищи молодой мамы не сказывается на способности полноценно кормить грудью. А полное восстановление исходной массы тела может произойти через

6—12 месяцев. Однако малоподвижный образ жизни, питание высококалорийными продуктами с целью поддержания лактации, да и постоянные доедания за маленькими детьми способствуют порой еще большему набору веса.

Третий период значительной прибавки в весе наступает в период **менопаузы**. Безусловно, причина этого также кроется в гормональных изменениях. Недаром более половины женщин пятидесятилетнего возраста имеют избыточную массу тела. Известно, что часть жира идет на построение эстрогенов. Когда этих гормонов становится меньше, жир начинает откладываться в жировых складках, причем чаще по верхнему типу: фигура постепенно начинает приобретать форму яблока. Жир откладываться и в брюшной полости, что может привести к сопутствующей патологии в виде сердечно-сосудистых заболеваний и сахарного диабета 2-го типа. Поэтому при достижении элегантного возраста женщины максимально должны следить за своим питанием, уменьшая его калорийность, и увеличивать физическую активность, дабы не обрести лишние килограммы, а вместе с ними и проблемы со здоровьем.

Миф 1-й: генетическая предрасположенность

В обществе устойчиво живут мифы о причинах избыточной массы тела.** Одним из них является так называемая генетическая предрасположенность. «Раз мои родители полные — значит, и я должен быть таким, здесь ничего не поделаешь». Очень удобное объяснение, прежде всего для самого себя — не нужно напрягаться, а окружающие могут лишь посочувствовать. Но чаще всего это не реальная причина, а заблуждение! Ведь в настоящее время совершенно точно установлено, что лишь менее 2% случаев ожирения связано с генетически унаследованными нарушениями обмена веществ или гормональным дисбалансом. «А как же семейные случаи ожирения?» — спросите вы. Так вот — генетика здесь, как правило, ни при чем. Причиной является неправильное пищевое поведение и гастрономические привычки в окружении ребенка, которые и «передаются по наследству».

80% детей, у которых оба родителя имеют избыточный вес, рискуют с возрастом также приобрести ожирение — и повторюсь, в большей части случаев не из-за генетики. Если же родители имеют нормальный вес, то их отпрыски лишь в **14%** случаев становятся полными.

Действительно, мы можем унаследовать скорость протекания обменных процессов в организме и тем самым — лишь предрасположенность к избыточному весу. А реализуется эта предрасположенность или нет, будет зависеть от образа жизни: прежде всего характера питания и двигательной активности.

Миф 2-й: курение

Другой миф связан с прибавкой в весе после прекращения курения. На самом деле он миф лишь отчасти. Действительно, прибавка в весе бывает иногда значительной, но далеко не всегда. Человек, резко бросивший курить, может в течение нескольких месяцев набрать до 5 лишних килограммов. Но не следует унывать! Если взять под контроль свой пищевой режим и количество потребляемой пищи, в течение года вес обычно возвращается к исходному.

Почему происходит увеличение массы тела у бросивших курить? На то есть несколько причин. Во-первых, метаболические процессы в организме курильщика протекают в ускоренном темпе, необходимом для нейтрализации яда, которым организм постоянно отравляется во время курения. А это около 150 ккал на одну пачку в день. Согласитесь, немало, если учесть, что именно столько необходимо для выполнения работ в вашем саду или гимнастических упражнений в течение целого часа. Не что иное, как удобный выход для ленивых и не заботящихся о своем здоровье, не правда ли? Во-вторых, аппетит курильщика значительно снижен, так как никотин подавляет вкусовые рецепторы и курящие хуже воспринимают запахи и вкус пищи. Кроме того, под влиянием никотина печень выделяет гликоген, что подавляет чувство голода. И наконец, курение спасает от скуки и стрессов. Ведь сигареты и еда являются средством социальной защиты от тяжелых жизненных ситуаций. «Эмоциональные» едоки стресс заедают, а курильщики — просто закуривают. Ведь никотин увеличивает концентрацию допамина в головном мозге, что способствует улучшению настроения. То же происходит и при употреблении сладостей. Сигарета и конфета — природные антидепрессанты, как, впрочем, и алкоголь. Именно поэтому при отказе от курения возникает искушение заменить сигареты конфетами. Кроме того, во время курения у вас заняты и руки, и рот, а это — своеобразная подмена еды.

Поэтому организму бывшего курильщика необходимо некоторое время, чтобы перестроиться. Но лучше планировать ситуацию заранее, например за 2—4 недели, чтобы привыкнуть к мысли и полностью осознать, что с курением скоро будет покончено. А в это время начать увеличивать расход энергии так, чтобы скомпенсировать в дальнейшем те 150—200 ккал, которые вы больше не будете сжигать за счет никотина.

Вполне очевидно, что большинству из курящих потребуется изменить свои гастрономические привычки: нужно быть аккуратным в выборе пищи и контролировать свой аппетит.

Развитие ожирения, иногда значительно выраженное, связано со многими заболеваниями. Это, прежде всего, некоторые эндокринные болезни и особенно гипотиреоз, то есть заболевание щитовидной железы, при котором снижается активность гормонов, вырабатываемых ею. Поэтому я рекомендую всем людям с избыточным весом провести исследование гормонов щитовидной железы и, при необходимости, проконсультироваться у эндокринолога.

Если вы принимаете гормональные препараты (например, для лечения астмы, противозачаточные таблетки и т. п.), то это также может явиться причиной для набора лишнего веса. И в этом случае только врач может помочь вам разобраться в вашей проблеме.

СЧИТАЕМ КАЛОРИИ
Энергетическая
ценность
вашего дневного рациона

Прежде чем приступить к составлению правильного пищевого рациона, мы должны определить — **сколько энергии необходимо для поддержания нормального состояния организма в течение суток?**

Как вам уже известно, единственным источником энергии для нашего организма являются пищевые вещества, которые при «сгорании» выделяют необходимую энергию. А вот расходуется она на различные процессы жизнедеятельности организма. В зависимости от образа жизни, пищевых привычек и физической активности этот расход у разных людей может сильно отличаться. Поэтому при одинаковом питании один человек может похудеть, а другой — изрядно прибавить в весе.

Традиционно единицей энергетического обмена считают **калорию (кал)**. Это очень маленькая величина — она равна количеству энергии, необходимому для нагревания одного миллилитра воды на один градус Цельсия. Для удобства все энергетические процессы в организме измеряют в **килокалориях (ккал)** $(1 \text{ ккал} = 1000 \text{ кал})$. Однако очень часто килокалории называют калориями, что может привести к некоторой путанице.

Чтобы ответить на вопрос, **почему человек набирает лишнюю массу тела и на сколько ккал нужно сократить свой дневной пищевой рацион для похудения —**

нужно подсчитать:

1 сколько энергии требуется организму,

2 сколько энергии реально поступает с пищей,

3 сколько энергии расходуется организмом.

Для этого используют несколько формул, выведенных учеными на основании экспериментальных данных. Некоторые их них достаточно сложные, другие же относительно простые. Результаты получаются приблизительно одинаковые, поэтому предлагаю взять в руки калькулятор и произвести сравнительно несложные расчеты.

Для определения общего количества калорий, необходимых для полноценной жизнедеятельности, можно воспользоваться следующей формулой:

**Основной обмен (ккал) + Физическая активность (ккал) +
+ Усвоение пищи (ккал) = Суточная потребность (ккал)**

Энергетическая ценность дневного рациона

Под основным обменом понимают то количество энергии, которое требуется для поддержания жизнеспособности организма на минимально возможном уровне, то есть когда человек не выполняет какой-либо физической нагрузки, находится в комфортных условиях и натощак.

Для мужчин норма основного обмена составляет 1 ккал на 1 кг массы тела в час.

Для женщин эта величина несколько меньше — 0,9 ккал на 1 кг массы тела в час.

Такое различие обусловлено наличием у мужчин большей мышечной массы, на поддержание тонуса которой идет больше энергии. С возрастом величина основного обмена может значительно снизиться. Это обусловлено тем, что у людей, начиная с 30-летнего возраста, постепенно уменьшается мышечная масса и замедляется скорость всех обменных процессов в организме.

Самой простой формулой для вычисления величины основного обмена является:

для мужчин — вес (кг) × 24,4
для женщин — вес (кг) × 22

Для более точного расчета могут быть использованы следующие формулы с учетом поправки на возраст, что достаточно важно и не лишено определенной логики:

Для женщин:

18—30 лет	(14,7 × вес (кг)) + 496 ккал
31—60 лет	(8,7 × вес (кг)) + 829 ккал
Более 60 лет	(10,5 × вес (кг)) + 596 ккал

Для мужчин:

18—30 лет	(15,3 × вес (кг)) + 679 ккал
31—60 лет	(11,6 × вес (кг)) + 879 ккал
Более 60 лет	(13,5 × вес (кг)) + 487 ккал

Наверняка вам будет интересно узнать, что на поддержание мышечного тонуса тратится до 26% энергии основного обмена. А если мышечная масса возрастает в результате регулярных физических нагрузок или хотя бы мышцы находятся в постоянном тонусе, то эта доля может значительно возрасти. Вот где резервы!

На другие физиологические процессы в организме тратится различное количество энергии, в зависимости от функциональной активности органов. Например, на функционирование печени расходуется также 26% энергии основного обмена, так как печень принимает активное участие во многих метаболических процессах. На деятельность головного мозга расходуется 18% энергии, на работу сердца — 9%, почек — 7%, в то время как на деятельность остальных органов приходится лишь 14% энергии основного обмена.

Следует еще раз напомнить, что при активных занятиях физической культурой или работе, связанной со значительными физическими нагрузками, возрастает мышечная масса, что приводит к увеличению основного обмена и сжиганию жира, в том числе и в состоянии покоя. Но

• Считаем калории • • • • • • • • • • • •

даже умеренные физические нагрузки способствуют увеличению мышечного тонуса и долго поддерживают его в таком состоянии, когда обмен веществ ускоряется и «сжигается» больше калорий, чем при малоподвижном образе жизни.

Следующим параметром, который нам с вами необходимо определить, является уровень физической активности. Для этого загляните в приведенную ниже таблицу и, исходя из условий вашей работы и активности вне своей профессиональной деятельности, выберите тот вариант, который больше вам подходит.

Активность в течение дня

Характер основной деятельности на протяжении дня	Уровень активности	Коэффициент активности
Преимущественно сидячая работа, спокойное проведение досуга, легкая работа по дому * (*руководители предприятий, работники науки, делопроизводители*)	Очень низкий	0,2
Механизированный труд при наличии минимальных физических усилий (*медицинские работники, продавцы, педагоги, инженерно-технические работники, работники связи и т. п.*), уборка по дому, уход за детьми, занятия физическими нагрузками умеренной интенсивности (ходьба 2–3 км)	Низкий	0,3
Умеренно тяжелая физическая работа (*водители транспорта, рабочие-станочники, садоводы*), тяжелая работа по дому и на приусадебном участке, занятия физической культурой (бег, лыжи, велосипед, танцы)	Средний	0,4
Тяжелый физический труд (*рабочие специальности*), занятия спортом **	Высокий	0,5

* Часто у людей с избыточной массой тела и ожирением.
** Обычно нет избыточного веса, но может появиться после изменения образа жизни без коррекции пищевого поведения.

Формула для вычисления количества ккал, идущих на обеспечение физической активности, выглядит следующим образом:

Основной обмен (ккал) x Коэффициент активности (ккал) =
= Физическая активность (ккал)

• Считаем калории • • • • • • • • • • • •

Третьим компонентом в суточном энергопотреблении организма является энергия, требующаяся на переваривание и усвоение пищевых продуктов. Энергия, получаемая организмом в результате «сгорания» продуктов, идет и на само обеспечение этих биохимических и физиологических процессов. Данное явление называется **специфическим динамическим действием пищи**. Величина его зависит как от объема съеденной пищи, так и от ее качественного состава.

Увеличение интенсивности обмена после еды может сохраняться до 12 часов, а после употребления преимущественно белковой пищи — до 18 часов.

Углеводы и жиры ускоряют обмен только на 2–3%, на усвоение смешанной пищи требуется от 6,5 до 10% от суточной потребности в энергии, зато белковая еда требует на свое усвоение до 30% и более от полученных с пищей калорий.

Для вычисления данной величины следует помнить, что на переваривание и усвоение пищи в желудочно-кишечном тракте необходимо приблизительно около 10% от суточной потребности организма в энергии. В связи с этим формула будет выглядеть следующим образом:

(Основной обмен (ккал) + Физическая активность (ккал)) х
х 10% = Усвоение пищи (ккал)

С помощью этих простых формул каждый с достаточной точностью может определить свой энергообмен. Я умышленно не буду брать в расчет энергозатраты, идущие на терморегуляцию, так как в современных условиях жизни для этого требуется очень мало калорий, и ими можно пренебречь.

Остается один вопрос: **почему же, употребляя практически одну и ту же пищу, кто-то прибавляет в весе, а кто-то, наоборот, худеет?** Вот тут-то как раз и может быть «виновата» генетика. Это обусловлено тем, что у различных людей обменные процессы исходно протекают с различной скоростью. В связи с этим в ряде случаев приходится использовать коэффициент энергетического обмена.

Выделяют 3 типа энергообмена, которые мы наследуем у наших родителей. Внешнесредовые факторы, например климатические пояса, имеют при этом значительно меньшее значение.

1.

При первом типе энергообмена ($K = 1,2$) наблюдается малая способность к накоплению энергии в жировой ткани. Калории, полученные с пищей, практически полностью «сгорают». У людей с таким типом энергообмена, как правило, даже при высококалорийном питании наблюдается пониженная масса тела и низкая вероятность развития ожирения. Это вечные худышки.

2.

Для второго типа энергообмена ($K = 1,0$) характерна высокая пластичность обменных процессов в организме и высокая устойчивость к внешним изменениям среды и пищевому режиму. Если человек потребляет с пищей столько же энергии, сколько тратит, ожирение ему не грозит. Оно развивается только в случаях длительного переедания и гиподинамии.

3.

Третий тип ($K = 0,8$) в отличие от других имеет энергообмен с тенденцией к быстрому накоплению жировых отложений. Именно такой тип энергообмена чаще всего встречается у лиц, склонных к ожирению.

Считаем калории

Точных критериев для определения типа энергообмена в настоящее время нет, поэтому отнести человека к тому или иному типу можно только эмпирически после анализа его истории жизни.

Итак, мы с вами выяснили, как производить расчет наших энергозатрат. Теперь попробуем применить наши знания на практике. Для этого я снова обращусь к нашей «модели», а вы — подставляйте свои данные и делайте выводы.

Допустим, за последний год, после перехода на другую работу, она прибавила в весе 5 килограммов и в настоящее время ее масса тела составляет 73 кг. Никаких специальных диет наша 29-летняя толстушка ранее не соблюдала. Основной прием пищи у нее всегда был после 20 часов.

Основной обмен (ОО) вычисляется путем умножения массы тела на 22 (у мужчин — 24). Получаем:

73 x 22 = 1606 ккал

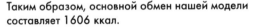

Ваш основной обмен в ккал

Таким образом, основной обмен нашей модели составляет 1606 ккал.

Если же мы решим воспользоваться формулой для определения основного обмена, то у нас получится:

(14,7 x 73) + 496 = 1569 ккал

Ваш основной обмен в ккал, высчитанный по формуле со с. 50

Разница в определении основного обмена двумя способами составила всего 37 ккал, или 2,5%, чем, в общем-то, можно пренебречь

Теперь рассчитаем, сколько энергии необходимо ей для обеспечения физической активности. Если у нее сидячая работа, а физические нагрузки вне работы практически отсутствуют, то такую физическую активность следует признать очень низкой, а коэффициент активности составит всего 0,2

Ваш коэффициент активности(см. табл. на с. 51)

Зная это, рассчитаем, сколько ккал будет затрачено в сутки на физическую активность. Для этого показатель основного обмена умножим на коэффициент 0,2:

1569 x 0,2 = 314 ккал

Остается определить, сколько ккал пойдет на пищеварение и усвоение питательных веществ:

(1569 + 314) x 10% = 188 ккал

Для определения суточной энергопотребности необходимо лишь сложить вычисленные нами показатели:

1569 ккал + 314 ккал + 188 ккал =
= 2071 ккал

Следовательно, для поддержания нормальной жизнедеятельности, нашей «модели», весящей 73 кг и имеющей очень низкую физическую активность, необходимо с пищей получать всего 2071 ккал.

Теперь давайте посмотрим, что нужно сделать для нормализации массы тела. Прежде всего необходимо определить, сколько лишних ккал скопилось в организме.

Давайте вспомним, что нормальный вес нашей модели — 66 кг, и у нее целых 7 лишних кг. Как известно, лишний вес набирается за счет отложения жира в жировых «депо». Следовательно, в ее организме 7 лишних килограммов жира, а энергетическая ценность каждого килограмма жировой ткани составляет около 7500 ккал.

Внимательный читатель может задать вопрос: «Если 1 грамм жира имеет энергетическую ценность 9 ккал, то почему энергетическая ценность 1 кг жировой ткани 7500, а не 9000 ккал?» Дело в том, что жировая ткань содержит не только жир, но и достаточно много воды, которая не обладает какой-либо энергетической ценностью, то есть не содержит ккал.

Таким образом, умножив 7500 на 7, видим, что в виде жира в организме нашей модели накоплено целых 52 500 ккал.

А сколько таких калорий накоплено в вашем организме?

○ x ○ = ○

Ккал, которые вы ежедневно тратите на физическую активность

○ x (○ + ○) = ○

Ккал, которые вы ежедневно тратите на пищеварение и усвоение питательных веществ

○ x (○ + ○) = ○

Общая суточная энергопотребность

○

Считаем калории

Если вы желаете от них избавиться, для нормализации массы тела будет необходимо недополучить или дополнительно потратить столько же энергии!

Для реализации этих жизненных планов существует два направления.

1-е: меньше есть, сохранив при этом режим дробного питания.

2-е: больше двигаться, что создаст предпосылку к дополнительному «сжиганию» накопленных калорий.

Но наиболее эффективным будет сочетание обоих направлений.

Для решения поставленной задачи необходимо разработать свой пищевой рацион самостоятельно или с помощью диетолога и рассчитать дополнительную физическую активность.

Как правильно составить пищевой рацион, будет рассказано ниже.

Сейчас же следует запомнить, что для расчета калорийности пищи и составления рациональных пищевых программ принято считать, что **основные пищевые вещества имеют следующую энергетическую ценность:**

Углеводы	— 4 ккал/г
Белки	— 4 ккал/г
Жиры	— 9 ккал/г
Алкоголь	— 7 ккал/г или 5,6 ккал/мл

Переваривание и последующее усвоение пищи зависит, прежде всего, от ее состава. Для пищевых веществ, если они поступают в чистом виде, выведены экспериментальным путем следующие **коэффициенты усвояемости:**

Углеводы	— 0,98
Жиры	— 0,95
Белки	— 0,92

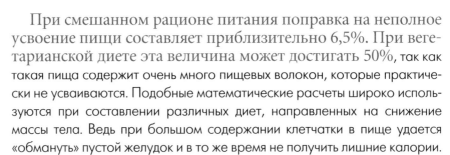

При смешанном рационе питания поправка на неполное усвоение пищи составляет приблизительно 6,5%. При вегетарианской диете эта величина может достигать 50%, так как такая пища содержит очень много пищевых волокон, которые практически не усваиваются. Подобные математические расчеты широко используются при составлении различных диет, направленных на снижение массы тела. Ведь при большом содержании клетчатки в пище удается «обмануть» пустой желудок и в то же время не получить лишние калории.

Если вы хотите очень точно произвести расчет суточного поступления энергии с пищей, то должны учитывать и этот факт.

В таком случае мы должны применить такую формулу:

**Энергия пищи (ккал) – (Энергия пищи (ккал) × 6,5%) =
= Усвоенная энергия (ккал)**

Таким образом, с помощью нехитрого подсчета с использованием выше приведенных формул, мы выяснили энергопотребность организма и количество энергии, которое будет поступать в организм с пищей.

Дальнейшие события могут развиваться по одному из трех возможных сценариев:

**Суточная потребность в энергии (ккал) = Поступившая
с пищей энергия (ккал) ⟶ Стабилизация массы тела**

**Суточная потребность в энергии (ккал) > Поступившая
с пищей энергия (ккал) ⟶ Снижение массы тела**

**Суточная потребность в энергии (ккал) < Поступившая
с пищей энергия (ккал) ⟶ Повышение массы тела**

Считаем калории

Если вы решили уменьшить массу тела, то должны выбрать второй путь.

Снова обратимся к нашей модели. Нами установлено, что 52 500 ккал были набраны ею за один год. Предположим, она хочет восстановить свой исходный вес приблизительно в течение 6 месяцев, то есть за 180 дней, следовательно, каждый день она должна потреблять на 290—300 ккал меньше, чем необходимо ей для энергообеспечения. То есть ежедневно она должна съедать пищевых продуктов, содержащих на 290—300 ккал меньше, чем расходует ее организм. Много это или мало?.. Приблизительно 300 ккал содержатся в 100 граммах любительской колбасы. Альтернативой может быть ежедневное дополнительное выполнение физических нагрузок той же энергетической ценности.

Если выбран второй путь, то необходимо дополнительно к привычным для человека бытовым нагрузкам ежедневно проходить по 5 км в достаточно быстром темпе. Выбор у каждого свой, но лучше будет, если немного меньше есть и при этом больше двигаться.

А теперь рассчитайте, на сколько должна уменьшиться ежедневная калорийность вашего рациона, исходя из срока, который вы себе поставите на достижение нормального веса:

 : =

Ваши лишние калории   *кол-во дней до стройности*   *уменьшение ежедневной калорийности рациона*

59

В заключение следует напомнить, что наш организм — это саморегулирующаяся система. Для похудения это является как положительным, так и отрицательным фактором. Почему отрицательным? Да дело в том, что, как только возникает дополнительный расход калорий в процессе снижения массы тела, организм перестраивает свой обмен веществ таким образом, что этих калорий на одну и ту же деятельность начинает затрачиваться несколько меньше. Особенно ярко это проявляется при быстром уменьшении массы тела. А приводит это к тому, что процесс снижения массы тела как бы несколько затормаживается, что, конечно, ставит в тупик людей, сидящих на диете. Нередко приходится слышать: «Как не стараюсь, а вес встал!» Что же делать? Вот как раз об этом и пойдет речь дальше.

Но есть и приятное известие! Когда после длительной диеты пищи вновь поступает значительно больше, чем необходимо организму, он в первую очередь начинает щедро раздавать полученные калории на различные процессы жизнедеятельности и лишь только потом начинает их откладывать «про запас» в жировые «депо». Поэтому, если в процессе снижения массы тела или на стадии стабилизации веса, вы, будучи на пикнике или другом празднике жизни, нарушили свою программу питания и набрали лишний килограммчик, не огорчайтесь — сделайте завтра разгрузочный день, и вес вновь восстановится. Главное, не давать себе таких поблажек слишком часто!

Вы — это то, что вы едите
Зачем нам нужна пища и из чего она состоит

Единственным источником энергии, необходимой нам для жизнедеятельности, и пластическим материалом для построения тканей организма является пища, которую мы ежедневно потребляем.

Правильное питание является важнейшим фактором здоровья человека. Оно определяет его работоспособность и во многом — продолжительность жизни. Для правильной организации своего питания необходимо уяснить значение для организма различных пищевых веществ и отчетливо представлять себе потребность в них человека в зависимости от возраста, профессии, климата и социально-бытовых условий.

Когда мы едим, то прежде всего оцениваем вкусовые особенности потребляемых продуктов и практически не думаем о той пользе или вреде, которые они несут с собой. Может быть, поэтому мы так часто выбираем не совсем то, что для нас полезно. Ведь не секрет, что именно наиболее вкусные и любимые продукты зачастую являются наиболее вредными для организма. Если раньше врачам, главным образом, приходилось иметь дело с последствиями недостаточного питания, то в настоящее время их внимания в большей степени требуют различные проявления переедания. А это, повторю, не только ожирение, но и заболевания сердечно-сосудистой системы, сахарный диабет, болезни желудочно-кишечного тракта и многие другие.

Наш организм состоит только из тех веществ, которые поступают в него с пищей, а в пищу человек употребляет только то, что ранее само было живым — будь то органы и ткани животных или части растений. Поступившие в организм пищевые вещества расходуются постоянно, но с различной скоростью. Например, углеводов и аминокислот хватает лишь на несколько часов, а воды не более чем на 4 дня, поэтому запасы этих веществ должны постоянно пополняться. Вместе с тем запасов многих витаминов или микроэлементов хватает на несколько месяцев и даже лет. Настоящим рекордсменом в этом отношении является кальций, который сохраняется в костях до 7 лет.

Сохраняются в организме:

Углеводы, аминокислоты — несколько часов
Вода — 4 дня
Кальций — 7 лет

Итак, из чего же состоит пища, которую мы потребляем?

Традиционно все пищевые вещества разделяют на макронутриенты и микронутриенты (*от лат. Nutritio — питание*). Нетрудно догадаться, что макронутриенты — это вещества, которые нужны нам в количествах, измеряемых десятками и сотнями граммов, а микронутриенты, наоборот — лишь несколькими миллиграммами или даже микрограммами.

К макронутриентам относят углеводы, жиры и белки. Именно при их «сгорании» (окислении) выделяется энергия, которая требуется для осуществления всех процессов жизнедеятельности.

• Углеводы •

Углеводы — главный источник энергии. Основными углеводными молекулами являются моносахариды (простые сахара). Соединения из двух или более моносахаридов называются ди-, олиго- или полисахариды. Большую часть углеводов в рационе человека составляет растительный крахмал (полисахарид), который поступает в организм исключительно с растительными продуктами. Интересно, что при созревании овощей в них увеличивается количество крахмала и уменьшается количество простых сахаров. С фруктами же происходит все наоборот — увеличивается количество простых сахаров и одновременно уменьшается содержание крахмала. Так что овощи при своем созревании теряют сладость, а фрукты, наоборот, становятся слаще.

Клетки живых организмов способны окислять глюкозу, в результате чего выделяется энергия. Запасы глюкозы в чистом виде очень незначительны и быстро расходуются на выполнение интенсивной работы.

> Углеводы составляют **основную часть** пищевого рациона и обеспечивают до **50—60%** поступающей в организм энергии

Энергетические потребности головного мозга также обеспечиваются практически полностью за счет глюкозы. Вместе с тем она способна депонироваться в мышцах и печени в незначительных количествах. При этом глюкоза превращается в полисахарид, носящий название гликоген, или животный крахмал. При необходимости гликоген быстро расщепляется до глюкозы, что позволяет увеличить экстренное энергообеспечение организма, что происходит при интенсивных физических нагрузках. Казалось бы, запасать гликоген организму очень выгодно, но беда состоит в том, что эти запасы не могут превышать 300—400 г. Если же в организм поступает больше углеводов, чем может отложиться в виде гликогена, глюкоза превращается в жир, поэтому чрезмерное «увлечение» углеводами может привести к развитию ожирения. Это относится, прежде всего, к так называемым рафинированным углеводам (сахар, кондитерские изделия), избыточное потребление которых приводит не только к избыточной массе тела, но и к развитию атеросклероза, сахарного диабета, повышению холестерина в крови.

Инсулинорезистентность

Гипергликемическое питание наших современников, то есть употребление в пищу большого количества сахара, кондитерских изделий, хлеба из белой муки, выпечки, избытка сладких фруктов и других продуктов с высоким гликемическим индексом, вызывает чрезмерную активность поджелудочной железы и постоянное выделение большого количества инсулина. Инсулин не только приводит к снижению уровня сахара в крови, но и обладает жирогенным действием. Человек при этом испытывает состояние гипогликемии, что сопровождается чувством голода и снижением работоспособности. Со временем формируется инсулинорезистентность — невосприимчивость клетками инсулина, при этом гликемия крови может стабильно превышать норму. Следствием является формирование сахарного диабета 2-го типа.

Инсулинорезистентность очень вредна для артерий: увеличивается количество тромбоцитов, и кровь становится более густой — это может стать причиной образования тромбов и сопровождаться закупоркой артериальных сосудов. Кровь медленнее двигается по сосудам, при этом стенки артерий становятся менее эластичными, что облегчает скопление на них «плохого» холестерина с формированием атеросклеротических бляшек.

Таким образом, нынешние дурные привычки питания являются не только причиной ожирения, но и сердечно-сосудистых заболеваний. А потому было бы ошибочно возлагать всю вину исключительно на жиры.

Избыточное отложение жира происходит особенно интенсивно при потреблении продуктов, содержащих одновременно не только углеводы, но и жиры. Это кремовые пирожные, торты, мороженое, шоколад, сдобный хлеб и др. При потреблении этих продуктов углеводы полностью обеспечивают организм энергией, а для жиров остается лишь один путь — отложиться в жировой ткани.

Роль углеводов в организме не ограничивается только источником энергии. Из них построены мембраны клеток, а в комплексе с белковыми структурами они образуют ферменты, гормоны и секреты слизистых желез.

В целом все углеводы разделяют на хорошо усвояемые (моно-, дисахариды и крахмал), малоусвояемые (пектин) и неусвояемые (лигнин, целлюлоза и гемицеллюлоза). Первую группу углеводов также называют рафинированными, а вторую и третью — пищевыми волокнами.

При использовании в пищу углеводсодержащих продуктов в организме человека быстрее всего усваиваются глюкоза и фруктоза, а медленнее всего крахмал, так как вначале он должен расщепиться до глюкозы. Различные крахмалы составляют до 70% от всех углеводов в питании человека и представляют собой полимеры глюкозы. Необходимо знать, что крахмал может перевариваться в кишечнике человека только после кулинарной обработки, а принятый в сыром виде выводится неизмененным. Больше всего крахмала содержится в зерновых и зернобобовых, а также в продуктах переработки и изделиях из них (мука, крупы, хлеб, каши).

Минимальная суточная потребность в углеводах составляет 5 г на 1 кг нормальной массы тела. Для людей старших возрастных групп углеводов в пищевом рационе может быть несколько меньше — приблизительно 4 г на 1 кг нормальной массы тела. Если же человек выполняет значительные физические нагрузки, углеводы в пищевом рационе должны быть увеличены еще на 300–350 г, а доля простых углеводов доведена до 8%.

Быстрее всего усваиваются глюкоза и фруктоза, а медленнее всего крахмал

Особую роль в организме играют сложные углеводы, к которым относят пищевые волокна, или клетчатку. Они не несут в себе энергию, поскольку не могут расщепляться до глюкозы в желудочно-кишечном тракте человека (в отличие, например, от жвачных животных), но именно они стимулируют работу кишечника, заставляя его сокращаться, что приводит к своевременному выведению шлаков и токсинов. Недостаток этих волокон в пищевом рационе сопровождается развитием привычных запоров и, как следствие, хроническому отравлению организма, а также заболеваниям кишечника. Вместе с тем чрезмерное потребление клетчатки может сопровождаться снижением усвояемости почти всех питательных веществ, а также многих лекарственных препаратов. Кроме того, часто развиваются поносы.

Пищевые волокна могут поступать в организм только с растительной пищей. Необходимо помнить, что их совсем нет в яйцах, мясе и рыбе. Лишь небольшое количество присутствует в молочных продуктах. Чем белее хлеб, тем меньше в нем пищевых волокон. Суточная же потребность их для взрослого человека составляет около 30–35 граммов. При регулярном употреблении в пищу овощей, фруктов или зерновых продуктов вы будете получать эту «норму». Варка, протирание и другая кулинарная обработка растительных продуктов значительно ухудшают качество клетчатки.

Суточная потребность клетчатки для взрослого человека 30–35 г.

Недостаток клетчатки в рационе может привести к запорам; избыток — препятствовать усвоению питательных веществ.

Одним из важнейших свойств пищевых волокон является их способность замедлять всасывание различных сахаров в кишечнике. Это способствует увеличению продолжительности чувства сытости и препятствует появлению голода.

Клетчатка имеет еще целый ряд полезных свойств. Она снижает уровень холестерина в крови, препятствует развитию некоторых заболеваний кишечника, в том числе и злокачественных опухолей, связывает и выводит соли тяжелых металлов.

В клетчатке очень мало калорий, но она дает объем, растягивая при этом желудок. Если желудок пуст, он начинает вырабатывать особое вещество — грелин, благодаря чему в гипоталамус поступают сигналы и формируется чувство голода, которое прекращается только после наполнение желудка. Клетчатка как раз и позволяет быстро расширить желудок и прекратить выработку грелина. Кроме того, она выступает в роли «губки», поглощая и удерживая в желудке воду, что также усиливает чувство насыщения. Не следует упускать из вида, что продукты, богатые клетчаткой, приходится дольше пережевывать, а это позволяет быстрее насытиться и получить больше удовольствия от пищи. И, наконец, волокна долго остаются в желудке и кишечнике, поскольку трудно перевариваются, и посылают в мозг сигнал о сытости, предотвращая быстрое наступление голода.

Простые углеводы

Когда в пище содержится много простых углеводов, уровень глюкозы в крови повышается значительно выше и быстрее, чем при употреблении правильно сбалансированной пищи. В ответ на повышение концентрации глюкозы в кровь выделяется инсулин — гормон, который вырабатывается поджелудочной железой. Он способствует проникновению глюкозы внутрь клеток для использования ее в качестве «топлива». Если же одновременно в кровь поступает много глюкозы, много выделяется и инсулина, который начинает быстро «утилизировать» глюкозу. В результате ее содержание в крови может оказаться даже несколько меньшим, чем до еды, то есть возникает относительная гипогликемия, которая сопровождается сильным чувством голода.

Огромное значение в этих физиологических процессах имеет скорость падения концентрации глюкозы в крови. Возможно, вы обращали внимание, что после употребления большого количества сластей развивается более сильное чувство голода, так как сахар в крови падает, едва поднявшись на короткий отрезок времени. В итоге пищи съедается значительно больше, что неизбежно ведет к набору массы тела.

> После употребления большого количества сладкого развивается более **сильное чувство голода**

Сложные
углеводы

Совсем по другому сценарию развиваются события, когда мы потребляем продукты, богатые сложными углеводами, включая клетчатку. На расщепление их до глюкозы, которая поступает в кровь постепенно и не столь интенсивно, необходимо некоторое время. Этот процесс сопровождается адекватным выделением поджелудочной железой инсулина, который «мягко» и медленно снижает уровень глюкозы в крови, что приводит к удлинению периода сытости и замедляет появление чувства голода. Как раз это и необходимо использовать при составлении пищевых рационов для лиц с избыточной массой тела.

Если вы будете потреблять значительное количество «полезных» углеводов, но при этом в вашем суточном рационе не будет избыточных калорий, лишний вес вы не наберете.

Недостаток углеводов в питании человека в течение длительного времени приводит к серьезным нарушениям в организме, в том числе к распаду тканевых белков и нарушению обмена жиров. Особенно ярко это проявляется в условиях продолжительного голодания. С другой стороны, избыточное потребление углеводов может сопровождаться бродильными процессами в желудочно-кишечном тракте и проявляться вздутием живота, урчанием в нем, отхождением большого количества газа. Так что во всем нужно соблюдать умеренность.

Жиры, с точки зрения биохимии, представляют собой смесь различных триглицеридов — эфиров глицерола и трех жирных кислот. Различают насыщенные, мононенасыщенные и полиненасыщенные жирные кислоты. Нелишним будет знать, а о какой, собственно, насыщенности идет речь? Все дело в химическом строении жирных кислот, которые состоят из атомов углерода и водорода. В насыщенных жирных кислотах на каждый атом углерода приходится максимально возможное количество атомов водорода, то есть каждый атом углерода полностью насыщен атомами водорода. Когда в середине молекулы недостает одной пары атомов водорода, речь идет о мононенасыщенных жирных кислотах, если же их недостает больше — о полиненасыщенных жирных кислотах.

Мононенасыщенные жирные **кислоты** входят в состав подсолнечного, миндального, кунжутного, кедрового, масла авокадо, сафролового и рапсового масел. Мононенасыщенные жирные кислоты помогают регулировать уровень холестерина в крови. Среди них лидирует олеиновая кислота, которая, в частности, содержится в оливковом масле. Например, оливковое масло, из-за его способности понижать уровень холестерина крови, идеально как для жарки, так и для добавления в пищу. То есть оливковое масло — лидер среди всех жиров, которые благоприятно воздействуют на холестерин. Причем это единственный вид масла, который способен снизить «плохой» холестерин и повысить «хороший».

> **Оливковое масло идеально и для жарки, и для добавления в пищу**

Избыток же мононенасыщенных жирных кислот увеличивает калорийность рациона и способствует увеличению массы тела.

Полиненасыщенные жирные кислоты содержатся в кукурузном масле, подсолнечном, соевом, масле грецких орехов, масле из проросшей пшеницы. Эти масла имеют в своем составе жирные кислоты класса омега-6, они способствуют снижению уровня общего холестерина — «плохого» холестерина в первую очередь и в незначительной степени — «хорошего» холестерина. Полиненасыщенные жирные кислоты содержатся также в составе рыбьего жира.

Долгое время считалось, что эскимосы, пища которых на 95% состоит из рыбы, не болеют сердечно-сосудистыми заболеваниями в силу генетического фактора. Однако позже ученые пришли к выводу, что это явление объясняется именно характером пищи эскимосов, то есть потреблением рыбьего жира в составе рыбы, что является лучшей профилактикой этих заболеваний. Полиненасыщенные жирные кислоты класса омега-3 не только способствуют уменьшению «плохого» холестерина и триглицеридов, но и разжижению крови, снижая тем самым риск образования тромбов, закупоривающих сосуды. Вот почему я очень рекомендую употреблять в пищу семгу, сардины, макрель и сельдь.

Кроме незаменимых жирных кислот растительные масла содержат полезный лецитин, хлорофилл и витамин Е.

Некоторые ненасыщенные жирные кислоты не могут синтезироваться в организме и поступают в него только с пищей — это незаменимые жирные кислоты, к которым относятся арахидоновая, линолевая и линоленовая. Эти жирные кислоты крайне важны для жизни, и получаем мы их только из соответствующих продуктов. Арахидоновая (кстати, входит в состав сала), линолевая и линоленовая кислоты вместе называются витамином F.

Витамин F содержится в орехах, семечках, цельных злаках, бобах и некоторых содержащих жир фруктах, таких как авокадо и маслины. Он способствует росту и обновлению тканей тела и играет важную роль в поддержании здоровья кожи, волос, желез, слизистых оболочек, нервных клеток и артерий. Он регулирует уровень холестерина, менструальный цикл, кровяное давление, усвоение кальция, здоровье суставов и гибкость тела. Недостаточное поступление витамина F может стать причиной диареи, появления угрей, экземы, разнообразных аллергий, перхоти, нарушения менструального цикла, а также аномального снижения веса.

Полиненасыщенные жирные кислоты класса омега-6 в пищевом рационе должны составлять 4—7% от общей калорийности.

Большее их потребление может привести к прибавке массы тела.

По своему влиянию на организм полиненасыщенные жирные кислоты классов омега-3 и омега-6 очень схожи, но последние более выражено снижают концентрацию триглицеридов в крови. Потребность организма в них может быть обеспечена за счет употребления в пищу двух столовых ложек подсолнечного масла.

Соотношение полиненасыщенных жирных кислот омега-6 : : омега-3 в пищевом рационе должно быть — 3 : 1.

Насыщенные жирные кислоты поступают в организм с продуктами животного происхождения. Преимущественно это мясо, колбасы и колбасные изделия, сыры, ветчина, цельное молоко, яйца, а также кондитерские изделия. В настоящее время общепризнано, что именно насыщенные жирные кислоты наиболее значимый фактор питания, повышающий содержание холестерина в крови. Кроме того, они являются одной из причин образования камней в желчном пузыре и развития онкологических заболеваний. Пальмовое и кокосовое масло тоже относятся к разряду «вредных», или насыщенных, жиров. Поэтому, когда вам предлагают продукт, якобы не содержащий холестерина, внимательно изучите этикетку. Если в нем имеется пальмовое или кокосовое масло, будьте уверены, что такая пища заставит ваш организм потренироваться в выработке холестерина. **Насыщенные жиры и содержащие их продукты следует употреблять в очень умеренных количествах.**

Жиры, в состав которых входят насыщенные жирные кислоты, имеют твердую консистенцию. Исключение составляют кокосовое и пальмовое масла, которые содержат насыщенные жирные кислоты и не могут использоваться в диетическом питании. Напротив, мононенасыщенные и полиненасыщенные жирные кислоты придают пищевым жирам консистенцию более мягкую, вплоть до жидкой (масла). **Оптимальное соотношение насыщенные : мононенасыщенные : : полиненасыщенные жирные кислоты составляет 1 : 1 : 1.**

На долю всех жиров должно приходиться не более 30% калорий в суточном рационе, причем на жиры животного происхождения — не более 10%, а растительного происхождения — не менее 20%.

При тяжелой физической нагрузке потребность в животных жирах возрастает.

В животных маслах мононенасыщенные сочетаются с насыщенными жирными кислотами, а в растительных маслах — с полиненасыщенными жирными кислотами, что более благоприятно влияет на уровень и состав липидов в плазме крови.

Самыми же вредными для здоровья человека являются так называемые трансжиры, к которым относится и маргарин. Они создавались в качестве заменителя вредных насыщенных жиров. Получают их промышленным способом из жидких растительных масел. В настоящее время до 6—7% калорийности в суточном пищевом рационе приходится на маргарин и схожие с ним масла. Особенно много их в кондитерских изделиях и некоторых овощных консервах. Однако установлено, что у любителей продуктов, содержащих трансжиры, значительно чаще развивается атеросклероз, артериальная гипертония, рак, ожирение и бесплодие. Чтобы избежать приобретения продуктов, содержащих трансжиры, необходимо внимательно читать этикетку. Будьте осторожны, если вы обнаружите слово «гидрогенизированный» или «частично гидрогенизированный» жир!

Жир очень энергоемкий продукт, и если уж он накопился в организме, то и избавиться от его излишков непросто. С жирами запасается значительное количество энергии — 1 г жира несет в себе 9 ккал. Следовательно, то же количество энергии требуется и для окисления жира. На «сжигание» же углеводов необходимо затратить энергии в 2 раза меньше. Вот они-то и расходуются в первую очередь, а уж затем жиры. Жиры представляют собой настоящие аккумуляторы энергии, но «сгорают» они в «пламени» углеводов. Другими словами, чтобы жиры освободили энергию, содержащуюся в них, необходимо достаточное количество «полезных» углеводов и кислорода. Если же жиры «сгорают» при недостаточном распаде глюкозы, как это имеет место при сахарном диабете, продукты их обмена — кетоновые тела могут вызвать отравление организма.

Жиры пищи расщепляются под действием ферментов в желудочно-кишечном тракте до глицерина и жирных кислот, из которых в эпителиальных клетках ворсинок тонкого кишечника синтезируется жир, свойст-

венный организму человека. В виде эмульсии он поступает в лимфу, а вместе с ней — в общий кровоток, а затем откладывается в подкожно-жировой клетчатке в виде запасного жира, чтобы впоследствии использоваться как источник энергии.

Жиры непременно должны присутствовать в пищевом рационе. Ведь именно они входят в состав мембран живых клеток, обеспечивают всасывание из кишечника ряда минеральных веществ и жирорастворимых витаминов, идут на построение половых гормонов, а также формируют защитные оболочки вокруг внутренних органов. И, что немаловажно, придают форму человеческому телу. Жировая ткань под кожей — природное место для накопления жиров. Жир содержится в секрете сальных желез, предохраняющих кожу от высыхания. Сухость и шелушение кожи являются одними из первых симптомов дефицита жира в организме. Недаром в состав кремов для улучшения состояния кожных покровов входят жировые компоненты. При недостатке жиров могут развиться гнойничковые заболевания кожи, выпадать волосы,

• Жиры • • • • • • • • • • • • • • • • • •

нарушаться пищеварение. Кроме того, снижается иммунитет, а у женщин нарушается менструальный цикл. Наличие жиров в пище придает различным блюдам высокие вкусовые качества, способствует возбуждению аппетита, имеющего важнейшее значение для нормального пищеварения. Жиры могут образовываться из углеводов и белков, но в полной мере не могут ими заменяться. Таким образом, и **в ограничении жиров также нужна определенная умеренность.**

Примерно в половине случаев жир, содержащийся в пищевых продуктах, непосредственно виден (например, в таких чисто жирных продуктах, как жидкие масла, сало, сливочное масло, прослойка жира в беконе и других мясных продуктах). В остальных случаях жир присутствует в скрытом виде (скрытый жир), то есть в продуктах содержатся мельчайшие капельки жира, невидимые невооруженным глазом. Скрытый жир присутствует в мясе, колбасе и сыре. Поскольку **современные способы откармливания убойного скота способствуют отложению скрытого жира, в рационе жителей индустриальных стран содержание его чрезвычайно высоко.**

Источники поступления жира в организм человека:

30% — мясо, рыба и птица
25% — жареные блюда и выпечка
18% — молоко и молочные продукты
11% — масла
16% — другие продукты

Полное исключение жиров недопустимо и опасно для здоровья. Суточная потребность в жирах для людей не занятых физическим трудом составляет около 80—100 г, или приблизительно 1 грамм на 1 килограмм **нормальной** (!) массы тела. У пожилых людей содержание жиров в пищевом рационе должно быть снижено приблизительно на 20%. Однако, если вы ставите перед собой цель уменьшить свою массу тела, то **поступление жира в организм должно быть ограничено 30—40 г в сутки.** Полностью же исключать жиры из своего рациона не только недопустимо, но и опасно, ведь жиры являются не менее важным, чем белки, пластическим материалом для организма.

Близок по строению к жирам **холестерин,** который представляет собой жироподобное вещество — липофильный спирт, который содержится в клеточных мембранах всех

живых организмов. Хорошо, что в последние годы люди все больше начинают понимать необходимость осознанного подхода к питанию. Однако роль холестерина, безусловно играющего роль во многих процессах в организме (в том числе и в развитии сердечно-сосудистых заболеваний), нередко понимается однобоко.

Около 80% холестерина вырабатывается в самом организме, в основном в печени (1,5–2 г), и лишь 20% поступают с пищей (0,5 г). Холестерин — это не посторонний организму элемент, а жизненно необходимое вещество, опасное лишь при своей избыточности.

Действительно, холестерин входит в состав большинства клеток живого организма, без него немыслимо их функционирование. С помощью холестерина в печени вырабатывается желчь, необходимая для пищеварения, в надпочечниках — гормоны, а в коже — витамин D. Холестерин в соединении с другими веществами формирует оболочки нервных волокон, а также играет роль в деятельности синапсов головного мозга. Однако избыток холестерина в крови очень опасен, поскольку холестерин способен откладываться в стенках артерий. Кровеносные сосуды при этом сужаются, что нарушает циркуляцию крови и может привести к ишемической болезни сердца, артериальной гипертонии, нарушению мозгового кровообращения, сужению артерий нижних конечностей и другим серьезным проблемам. Холестерин переносится в крови молекулами белков — липопротеинами, или транспортными средствами.

Липопротеины с низкой плотностью (ЛПНП). Облегчают проникновение холестерина в стенки артериальных сосудов, на которых он и оседает. Поэтому холестерин низкой плотности называют «плохим» холестерином.

Липопротеины с высокой плотностью (ЛПВП). Переносят холестерин, способствующий рассасыванию склеротических отложений на стенках сосудов, и заживляют поврежденные стенки, благодаря им излишек холестерина выводится из тканей — это «хороший» холестерин.

Главным источником поступления холестерина в организм является печень и отчасти тонкий кишечник (80% общего количества холестерина), и только 20% поступает с пищей в составе насыщенного жира, то есть жира из продуктов животного происхождения. Таким образом, холестерин в готовом виде мы получаем только из продуктов животного происхождения, то есть мяса, молочных продуктов и морепродуктов. Ни одно растение холестерина не содержит. Поэтому, когда нас уверяют, что та или иная марка растительного масла «не содержит холестерина», — производители этого продукта просто сомневаются в нашей сообразительности, играя на нашем невежестве.

К факторам, повышающим уровень «плохого» холестерина, а следовательно риск сердечно-сосудистых заболеваний, относят курение, избыточный вес, переедание, гиподинамию, недостаточное содержание в пищевом рационе клетчатки, злоупотребление алкоголем, продуктами с высоким гликемическим индексом, а также некоторые эндокринные заболевания.

Так что, несмотря на то что холестерин образуется преимущественно в самом организме, при его повышении в крови необходимо ограничивать продукты, содержащие его слишком много.

Любое лечение гиперхолестеринемии (повышенного уровня содержания холестерина в организме), если оно не сопровождается изменениями в питании, будет совершенно неэффективно.

Итак, следует запомнить, что:

1. Холестерин — не единственная причина сердечно-сосудистых заболеваний. Очень важны и такие факторы, как высокий уровень триглицеридов крови, инсулинорезистентность (невосприимчивость инсулина клетками), сахарный диабет 2-го типа, ожирение, злоупотребление алкоголем, курение и стресс.

2. Холестерин, поступающий из пищи, составляет лишь 20% общего холестерина, 80% вырабатывают печень и тонкий кишечник, независимо от питания.

3. Источником холестерина являются насыщенные жиры, содержащиеся в составе продуктов животного происхождения, а именно: красное мясо, колбасы, жирная птица (особенно кожа), твердые сыры, сало, мучные кондитерские изделия, торты, бисквитные печенья, сливки и др.

4. Малоподвижный образ жизни также способствует повышению уровня «плохого» холестерина.

Как видите, на все эти факторы мы с вами можем повлиять сами, изменив свой жизненный уклад и привычки. Но, к сожалению, есть такие факторы, на которые мы не можем повлиять непосредственно. К ним относятся:

1. Генетическая предрасположенность, включая семейную гиперхолестеринемию.

2. Пол — у мужчин чаще наблюдается повышенный уровень холестерина.

3. Возраст — с возрастом увеличивается число людей с повышенным холестерином.

4. Ранняя менопауза.

Однако знание причин возникновения гиперхолестеринемии поможет более тщательно следить за своим образом жизни и пищевым рационом.

Кроме того, есть некоторые заболевания, при которых также повышается уровень холестерина. Особенно часто это наблюдается при снижении функции щитовидной железы — гипотиреозе.

Как определяется высокий уровень холестерина?

Уровень холестерина может быть измерен с помощью биохимического анализа крови. Важно ничего не есть по крайней мере 12 часов до забора крови.

Уровень общего холестерина крови не должен превышать 5 ммол/л, однако лучше посмотреть весь липидный спектр, включая триглицериды, ЛПНП, ЛПВП, ЛПОНП.

Людям, которые имеют факторы риска, следует регулярно проверять уровень холестерина в крови!

Что поможет снизить уровень холестерина и, как следствие,— риска сердечно-сосудистой патологии?

Измените свое питание

- Употребляйте меньше жирной пищи. Если доля жиров уменьшится до 30% и менее, а доля насыщенных жиров станет менее 7%, это внесет существенный вклад в снижение уровня холестерина в крови.

- Употребляйте меньше продуктов, содержащих холестерин,— это органы животных (печень, почки), моллюски, ракообразные, цельное молоко.

- Исключите из рациона маргарин и продукты его содержащие, в том числе выпечку. Откажитесь от продуктов, имеющих в составе скрытые жиры: колбасные изделия, нарезки, жирные виды сыра, жирные соусы.

- Замените насыщенные жиры полиненасыщенными и мононенасыщенными в составе растительных масел, особенно оливкового. Достаточно в день употреблять 1,5 столовой ложки полезных масел.
- Один-два раза в неделю ешьте жирную рыбу северных морей, имеющую в составе полезные жирные кислоты класса омега-3.
- Включите в свой рацион продукты, содержащие клетчатку. Ешьте бобовые, пророщенные зерновые, крупы, особенно овсяную — готовьте их на воде. Употребляйте больше овощей, зеленых салатов, фруктов.

Измените свой образ жизни

- Выполняйте регулярно физические упражнения.
- Спите до 8 часов в сутки.
- Нормализуйте массу тела.
- Откажитесь от употребления алкоголя.
- Бросьте курить!

Белки, состоящие из аминокислот, представляют собой основной «строительный материал» для всех тканей организма. В суточном рационе должно содержаться 15—20% белка. В рационах с пониженным содержанием жиров белок составляет 12—15% от общей калорийности. Пища должна содержать белки, в состав которых входят незаменимые аминокислоты. Большинство из них присутствует только в животной пище. Они не могут синтезироваться в самом организме или синтезируются в недостаточном количестве. У человека большая часть потребляемых белков используется для пластического обмена, то есть для построения и обновления биологических структур и соединений (мышц, ферментов, белков плазмы крови и т. д.). В связи с этим белки не могут быть в питании замещены жирами и углеводами. Для энергетических целей они используются только в случаях крайней необходимости, то есть в период голода.

Белков животного и растительного происхождения в пищевом рационе должно быть приблизительно одинаково, однако наибольшей биологической ценностью обладают белки животного происхождения. Основными их источниками служат рыба, мясо, молоко, молочные продукты, птица и яйца. Растительные белки в значительных количествах присутствуют в хлебе и картофеле, но в небольших количествах они содержатся почти во всех овощах и фруктах. Однако эти белки менее ценные, чем животные, так как обычно не содержат весь необходимый набор аминокислот. Вместе с тем следует признать, что из растительных продуктов наибольшей биологической ценностью по содержанию белка обладают соя, фасоль и горох, вследствие высокого содержания в их составе незаменимых аминокислот. Близки к полноценным белкам по аминокислотному набору также квиноа, гречневая и овсяная крупы.

Животные
белки

Молоко и молочные продукты
Рыба
Мясо
Птица
Яйца

Растительные
белки

Картофель
Злаки
Фасоль
Горох
Соя

Лучше всего пищеварительная система человека приспособлена к перевариванию белков молочных продуктов и рыбы, несколько хуже мяса, причем говядина переваривается лучше свинины и баранины. Белки растительного происхождения усваиваются хуже в связи с тем, что в большинстве случаев находятся внутри плотной оболочки из клетчатки, которая препятствует проникновению внутрь клетки пищеварительных ферментов.

Суточная потребность в белках у молодых людей, не занимающихся физическим трудом, составляет 0,8 г белка в сутки на 1 кг нормальной массы тела.

При обычной смешанной диете до 10—15% белка не усваивается. Для занимающихся спортом или тяжелым физическим трудом потребление белка должно увеличиваться до 1,2—1,4 г на 1 кг массы тела. Рекомендованные нормы потребления белка значительно отличаются в различных странах, что обусловлено особенностями качественного состава национальных кухонь. По мнению экспертов Всемирной организации здравоохранения, **норма потребления белков должна быть в пределах 10—15% энергетической ценности суточного пищевого рациона человека.** Наибольшая потребность в белках у растущего организма, то есть в детском и подростковом возрасте, а также у женщин в период беременности и лактации. Несмотря на то что энергетическая потребность у пожилых людей снижена, суточная потребность в белках повышается до 1,2—1,5 г на 1 кг массы тела. Во всех других случаях не имеет смысла увеличивать в пищевом рационе содержание белка, так как наш организм не может запасать его впрок. Поэтому употребление в рационе продуктов, содержащих в составе преимущественно белок, должно быть умеренным.

Необходимо также помнить, что уменьшать количество белков в пищевом рационе при снижении массы тела нельзя, так как в этом случае данный процесс будет происходить не за счет расходования жировых запасов, а за счет уменьшения мышечной массы. Если же диета сочетается с физическими нагрузками, количество белка в суточном рационе должно быть даже увеличено.

Недостаток
белка в организме

Снижение иммунитета

Анемия

Мышечная слабость

Выпадение волос

Проблемы с печенью и поджелудочной железой

Нездоровый внешний вид

Избыток
белка в организме

Подагра

Мочекаменная болезнь

Нарушение функций печени и почек

Дисбактериоз

При недостаточном поступлении белка с пищей в течение длительного срока происходит изменение равновесия между его образованием и распадом, что приводит к нарушению нормального функционирования печени и поджелудочной железы,

снижению иммунитета, развитию анемии. Кроме того, человека может беспокоить мышечная слабость, начинают выпадать волосы, расслаиваться ногти, появляется нездоровый внешний вид. Не имея специальных знаний, белковую недостаточность можно приобрести и при длительном соблюдении жесткой диеты, бедной белками.

Чрезмерно высокое содержание белка в потребляемой пище также нежелательно. Это может вызвать нарушение функционирования печени и почек, развитие подагры и мочекаменной болезни, а также дисбактериоз.

Суточный
рацион

Углеводы	50—60%
Жиры	
животные	> 10%
растительные	< 20%
Белки	15—20%

Алкоголь является энергетически емким продуктом — при сжигании 1 грамма его выделяется 7,1 ккал. Особенность алкоголя — это быстрая всасываемость из желудочно-кишечного тракта, что превращает его в источник «быстрой» энергии. Однако одновременно происходит замедление обмена других питательных веществ, которые при этом становятся как бы лишними для энергообеспечения и превращаются в жир. Другим отрицательным действием алкоголя является плохое усвоение витаминов группы В и некоторых микроэлементов, а также токсическое повреждение печени и нервной системы.

При использовании программ снижения избыточной массы тела лучше вообще отказаться от приема алкоголя.

Если же этого избежать нельзя, то следует ограничиться приемом не более 20—30 г алкоголя для мужчин и 10—20 г для женщин чистого спирта в день из расчета на 70 кг веса. Предпочтение следует отдавать сухим винам, количество которых не должно превышать одного бокала (около 120—150 мл) в день. И все же следует помнить, что алкогольные напитки являются источником только «пустых» калорий.

Кроме белков, жиров и углеводов в пище содержатся витамины, соли, микроэлементы, а также вода. Однако они, несмотря на их огромную важность для организма, не несут в себе энергию, поэтому и не влияют на калорийность пищи. Как правило, при сбалансированном питании все эти компоненты пищи присутствуют в ней в достаточном количестве.

Гликемический индекс

Диетологи давно подметили, что некоторые люди, отдающие в своем пищевом рационе предпочтение углеводам, успешно снижали свой вес, в то время как другие — значительно его прибавляли. Объяснение этому явлению было найдено лишь в 1980-е годы. Ранее считалось, что все продукты, содержащие углеводы, оказывают одинаковое влияние на уровень сахара в крови. Это положение основывалось на том, что углеводы расщепляются до глюкозы, которая поступает в кровь и становится энергетическим материалом для всех биохимических процессов в организме. Однако на самом деле все оказалось не так просто. Проводимые на протяжении 15 лет исследования и тестирования наглядно показали, что различные продукты питания совершенно по-разному влияют на уровень глюкозы в крови. В результате была разработана новая классификация углеводов, основанная на так называемом гликемическом индексе.

«Хорошие» и «плохие» углеводы

Для определения гликемического индекса была проведена серия экспериментов, во время которой добровольцы ели различные продукты, содержащие строго 50 г углеводов. На протяжении последующих двух или трех часов каждые 15 минут в течение первого часа и далее каждые полчаса брались анализы крови для определения уровня глюкозы в крови. По итогам этих анализов составлялись графики уровня глюкозы в крови после употребления различных продуктов, содержащих углеводы. Эти графики сравнивали с графиком динамики изменения уровня глюкозы в крови после употребления 50 г порошка чистой глюкозы. В результате этих исследований ученые обнаружили, что некоторые продукты питания быстро повышают уровень глюкозы в крови на небольшой промежуток времени, а затем уровень глюкозы снижается и становится ниже исходного. В противоположность этому другие продукты питания повышали глюкозу в крови медленно и не так существенно, но зато этот уровень глюкозы больший отрезок времени был немного выше исходного.

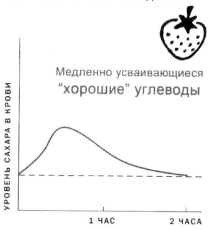

После употребления медленно усваивающихся углеводов уровень глюкозы в сыворотке крови повышается незначительно, зато и снижается более медленно и не так резко, что не приводит к снижению работоспособности и появлению чувства голода

После употребления быстро усваивающихся углеводов отмечается резкое повышение уровня глюкозы в крови с последующим быстрым его снижением. Чем выше этот подъем, тем значительнее и круче падение — уровень глюкозы может достигать уровня ниже исходного, что сопровождается слабостью и чувством голода

ПРАВИЛА СЫТОЙ СТРОЙНОСТИ •

Что же такое **гликемический индекс?** Строго говоря, это научный способ описать, как углеводы в различных продуктах влияют на уровень глюкозы в крови. В диетологии же это позволило разделить все углеводы на «быстрые» и «медленные», исходя из их способности быстро и интенсивно повышать уровень глюкозы в крови. Гликемический индекс будет тем выше, чем выше гипергликемия (уровень глюкозы в крови, превышающий нормальный), вызванная расщеплением углеводов. Гликемический индекс глюкозы приняли за 100, другие продукты могут иметь его несколько меньший или больший.

Чем выше гликемический индекс продукта, тем выше при его поступлении в организм повышается уровень глюкозы в крови. Это приводит к тому, что поджелудочная железа в ответ вырабатывает значительную порцию инсулина, который способствует не синтезу гликогена, а выработке жиров и отложению их в жировых «депо». Установлено, что это происходит при использовании всех продуктов, имеющих гликемический индекс более 50. То есть все продукты питания, имеющие гликемический индекс более 50, относятся к «плохим» углеводам, а имеющие менее 50 — к «хорошим» углеводам. В отличие от «плохих» углеводов «хорошие» только частично усваиваются организмом и поэтому не вызывают значительного повышения уровня глюкозы в крови. Это обусловлено тем, что углеводы с низким гликемическим индексом, как правило, содержат в своем составе много неперевариваемой клетчатки.

К «плохим» углеводам относят белый сахар в чистом виде или в составе других продуктов, например конфет, пирожных и т. п. Высоким гликемическим индексом обладают промышленно обработанные рафинированные продукты, особенно хлеб из белой муки, белый рис, сладкие напитки, картофель, кукуруза.

«Хорошими» углеводами являются грубомолотые зерновые и некоторые крахмалосодержащие продукты — бобы, чечевица, большинство фруктов и овощей.

• Гликемический индекс • • • • • • • •

При кулинарной обработке продуктов их гликемический индекс **может существенно изменяться.** Так, например, гликемический индекс кукурузы равен 70, а кукурузных хлопьев возрастает до 85. Вареный картофель имеет гликемический индекс 70, а после приготовления пюре из картофеля он увеличивается до 90. Как видите, большая разница! Поэтому, составляя свой пищевой рацион, это необходимо учитывать при выборе продукта.

По уровню гликемического индекса продукты разделяют на три группы:

продукты с низким гликемическим индексом	**40 и менее**
продукты со средним гликемическим индексом	**41–60**
продукты с высоким гликемическим индексом	**более 60**

Большинство продуктов, содержащих углеводы, относятся к первым двум группам.

И все же, почему так важно учитывать гликемический индекс при **выборе продуктов для своего питания?** Обусловлено это, прежде всего, тем, что продукты, содержащие углеводы, являются основой питания человека. Они задают определенный ритм выделения пищеварительных ферментов, инсулина, формируют развитие чувства голода и насыщения. Очень важно, что продукты с низким гликемическим индексом обеспечивают более длительное насыщение, поскольку содержащиеся в них углеводы поступают в кровь медленно. Кроме того, после такой еды люди потребляют значительно меньше калорий.

Вот почему предпочтительно начинать свой день не со сладкой сдобы и сладкого кофе, а с продуктов, содержащих сложные углеводы, например каш, хлеба из цельного зерна, молочных продуктов, которые имеют низкий гликемический индекс.

ПРАВИЛА СЫТОЙ СТРОЙНОСТИ •

Иногда очень близкие по составу и калорийности продукты могут иметь значительно отличающиеся гликемические индексы. Так, например, разница в калорийности белого и черного хлеба составляет всего 5 ккал, но гликемический индекс белого хлеба на 20 единиц выше, чем у черного.

Углеводы не только насыщают организм калориями, но и регулируют активность поджелудочной железы — ритмичность выделения инсулина.

Инсулин обладает анаболическим, или жирогенным, эффектом и является настоящим «сторожем» жировых «депо». Это происходит потому, что инсулин нормализует уровень глюкозы в крови и способствует выработке особых ферментов, которые защищают жировые клетки от выведения из них жира. Интенсивная выработка инсулина не только препятствует расщеплению жира, но и способствует образованию его из неиспользованных углеводов. В результате процесс снижение веса приостанавливается и появляется риск набрать несколько лишних килограммов.

Что можно сделать, чтобы понизить гликемический индекс пищевого рациона?

Прежде всего, к продуктам с высоким гликемическим индексом следует добавлять продукты, содержащие растительные волокна или пищевую клетчатку, а также белки и/или жиры, то есть употреблять смешанную пищу. Это позволит понизить общее значение гликемического индекса и замедлит скорость всасывания в кишечнике. Однако не следует забывать, что употребление большого количества жиров может свести на нет все ваши усилия, да и жиры должны быть преимущественно ненасыщенными.

Другим способом снижения общего гликемического индекса может быть одновременное использование углеводов как с высоким, так и с низким показателем гликемического индекса, например картофельное пюре с зеленым салатом.

Гликемический индекс

Третьим способом может стать временной фактор. Известно, что **максимальная активность поджелудочной железы приходится на период с 11 до 16 часов**. В это время ферменты выделяются наиболее активно и работают очень эффективно, а скорость повышения глюкозы в крови минимальная. **Это наиболее благоприятное время для использования продуктов с высоким гликемическим индексом.** Поэтому необходимо планировать один или два приема пищи именно на этот промежуток времени. Старайтесь съедать фрукты или другие лакомства до 16 часов.

Таким образом, оправданно и необходимо **при составлении пищевого рациона учитывать не только калорийность пищевых продуктов, но и их гликемический индекс.** Это позволит регулировать скорость и величину повышения глюкозы в крови и влиять на чувства голода и насыщения, которые необходимо контролировать при снижении избыточной массы тела.

Значение гликемического индекса может несколько отличаться в зависимости от способа его измерения. В приложении 2 указаны гликемические индексы наиболее распространенных продуктов.

ГЛАВА О ВКУСНОЙ И ЗДОРОВОЙ ПИЩЕ
Основные группы продуктов и способы их приготовления

Ни для кого не секрет, что некоторые продукты способствуют повышению массы тела, в то время как другие практически идеально подходят для программ по снижению веса. Вместе с тем не менее важно, СКОЛЬКО продуктов и КОГДА съедает человек, а также КАК ОНИ ПРИГОТАВЛИВАЮТСЯ.

Даже полным людям можно употреблять почти все продукты, просто некоторые из них — в ограниченном количестве. Для того чтобы длительно применять программы, направленные на снижение и дальнейшую стабилизацию избыточной массы тела, необходимо использовать разнообразные продукты. Ведь немногие согласятся всю жизнь питаться пресно, придерживаясь одного и того же набора продуктов.

• Растительные продукты • • • • • •

Пища, состоящая как из животных, так и растительных продуктов, больше всего удовлетворяет потребности человеческого организма

По своему происхождению все пищевые продукты делятся на **растительные и животные**. Есть приверженцы того или другого вида пищи, но большинство людей придерживаются смешанной, которая наиболее полно соответствует физиологическим потребностям человека.

Растительные продукты разделяют на несколько групп, которые значительно отличаются друг от друга по своему составу: овощи, фрукты, ягоды, зерновые, бобовые, а также орехи, семечки и грибы. Они в разной степени подходят для программ снижения избыточной массы тела, но при правильном подходе практически все находят в них свое достойное место.

Растения на протяжении всей истории человечества служили ему пищей, но значение их менялось в разные периоды истории и в разных регионах мира. Не вызывает сомнения, что именно растения служили первой пищей для наших предков, так как были доступнее всего. Позднее мясо, рыба, молочные продукты, а также окультуренные зерновые (прежде всего хлеб) в значительной мере вытеснили многие растительные продукты из пищевого рациона человека. Лишь около 150 лет назад наметился ренессанс, когда ученые-гуманисты, врачи, ботаники, энтузиасты-вегетарианцы стали пропагандировать возврат в питании к растительной пище. Причин для этого было несколько. Одна из них — относительная дешевизна растительных продуктов, другая — широкое распространение инфекционных заболеваний, трудности длительного и безопасного хранения продуктов животного происхождения. Все это привело к тому, что человечество обратило свои надежды на безвредные и не подверженные быстрой порче растения, которые можно было длительно сохранять как в сыром, так и в обработанном виде.

Кроме того, в конце XIX века были открыты витамины и их уникальная роль для организма человека. Оказалось, что некоторые из них содержатся преимущественно в растениях, что заставило посмотреть на пищевую ценность растительных продуктов другими глазами. Наконец, уже в последние десятилетия стал ясен механизм физиологического, очистительного и общего оздоровляющего действия растительной пищи, которая должна непременно сопутствовать продуктам животного происхождения для их лучшего усвоения и оптимизации обменных процессов в организме.

Овощи

В пищевом рационе овощи справедливо занимают первое место, особенно у тех, кто стремится нормализовать свой вес. Это обусловлено тем, что овощные культуры, как правило, содержат очень мало калорий и имеют низкий гликемический индекс.

Чем же еще полезны овощи? Прежде всего, они являются важнейшим источником углеводов, в том числе и клетчатки, которая нормализует процесс пищеварения. Овощи, особенно в сыром виде, стимулируют выделение пищеварительных соков. Большинство овощей содержат минимальное количество жиров. За счет овощей, главным образом у человека, покрывается потребность в витаминах , а в витамине С — практически целиком за счет овощей, а также фруктов. Овощи содержат большое количество минеральных веществ. Единственным существенным их недостатком является очень низкое содержание белка (не более 1–2%).

Из овощей наиболее доступны в России морковь, капуста, репа, тыква, лук, чеснок, помидоры, огурцы, а также зелень (петрушка, укроп, кинза).

Наибольшей пищевой ценностью обладают овощи темно-зеленого и красно-оранжевого цвета. В них очень много витамина С и β-каротина. Практически не отстают по содержанию этих веществ и зеленые листовые овощи.

• Приготовление • • • • • • • • • • • •

Особенно важно, что все овощи богаты пищевыми волокнами, калием и бедны натрием.

Первое место среди овощных блюд в настоящее время занимают салаты, далее в России следуют соления и квашения, а в странах зарубежной Европы — маринады. Горячие овощные блюда на этом фоне заметно отстают. Физиологи и диетологи считают, что в год человек должен съедать около 70—75 кг овощей.

А как обстоят дела на самом деле? Если в южных регионах нашей страны по данным статистических отчетов торговых организаций на каждого жителя приходится достаточное количество овощей и бахчевых культур, то в других областях дело обстоит значительно хуже. Связано это с тем, что овощи в свежем виде как сезонный продукт во многих регионах нашей страны, к сожалению, могут использоваться лишь меньшую часть года. К тому же в парниковых овощах не только витаминов, но и пищевых волокон содержится меньше, чем в их грунтовых собратьях.

Следует не забывать, что парниковые овощи требуют контроля и в отношении содержания в них нитратов и нитритов, а также пестицидов.

> **Отдавайте предпочтение сырым овощам.**
>
> Картофель, арбузы и дыни содержат много легко усваиваемых «плохих» углеводов

Некоторые овощи, а также большинство овощных трав нуждаются в тепловой обработке, без которой они становятся менее привычными для восприятия. Например, картофель, горох, бобы, тыкву, кабачки, патиссоны, цветную капусту, свеклу, баклажаны, артишоки и некоторые другие овощные культуры мы, как правило, подвергаем тепловой обработке перед употреблением. Лишь правильная кулинарная обработка способна превратить их из сырого пищевого продукта во вкусное питательное блюдо.

Тепловая обработка овощей необходима для их обеззараживания и повышения усвояемости. При этом они размягчаются, что облегчает

их жевание и переваривание пищеварительными соками. В процессе термической обработки образуются новые вкусовые и ароматические вещества, возбуждающие аппетит, а также разрушаются антиферменты сырых овощей, тормозящие пищеварение. Однако термическая обработка несет в себе и отрицательные факторы, влияющие на пищевую ценность готового продукта. В частности, теряются естественные ароматические и вкусовые вещества, которыми обладают овощи, снижается содержание в них витаминов и других растворимых ценных веществ, изменяется естественная окраска продуктов. В связи с этим, прежде чем варить, запекать или жарить овощи, надо взвесить все за и против.

Готовить овощные блюда следует с таким расчетом, чтобы после их приготовления и до употребления прошло минимальное количество времени,— это необходимо для сохранения полезных веществ.

В процессе варки овощей их масса уменьшается как за счет испарения влаги при остывании, так и вследствие извлечения из их состава растворимых веществ.

Варка с применением пара позволяет избежать многих негативных моментов, связанных с традиционной варкой в воде. В этом случае можно использовать все преимущества термической обработки продуктов,

Альтернатива варке овощей — жарение с минимальным количеством жира. Этот процесс более быстрый и поэтому более удобный. Лучше всего жарить овощи на большом огне, используя для этого металлическую толстостенную посуду или сковороду вок. Еще быстрее и с минимальными потерями при жарке готовятся предварительно бланшированные овощи. Бланширование (фр. blanchir — побелить) — означает быстрое отваривание или ошпаривание любого продукта. Достаточно щадящим является приготовление овощей методом гриль на решетке или рефленой сковороде без добавления масла.

Жареная еда ускоряет старение организма

а с другой стороны — избежать потерь полезных веществ. При использовании пара достигается наиболее щадящее воздействие на витамины и другие полезные компоненты, находящиеся в овощах, так как нет прямого контакта с огнем и кипящей водой, да и опасные для жизни канцерогенные вещества не образуются. После приготовления с использованием пара продукты почти не теряют внешний вид, вкус и аромат.

Несмотря на то что процесс жарки занимает мало времени, избыточная температура значительно повреждает питательные вещества, содержащиеся в приготовляемой пище. Кроме того, во время жарки образуются различные свободные радикалы, которые оказывают многогранное повреждающее действие на организм человека и приводят к преждевременному старению.

В процессе снижения избыточной массы тела необходимо исключать соленые или квашеные овощи, а также ограничивать употребление овощей, содержащих большое количество легко усваиваемых углеводов, таких как картофель, а также бахчевых — арбузы и дыни. При значительном их потреблении избыток углеводов откладывается в виде жира. Практически все остальные овощи, особенно зелень, обязательно необходимо включать в свой пищевой рацион.

Овощи, попадая в желудок, достаточно быстро утоляют голод, воздействуя на оба регулирующих его механизма — как на «голодную кровь», то есть содержание глюкозы в крови, так и на «пустой желудок». Поэтому овощные блюда следует как можно чаще использовать в своем меню. По правилам здорового рационального питания овощи необходимо употреблять 3—4 раза в день, желательно в сыром виде или с минимальной кулинарной обработкой, при этом использовать в рационе 5—6 видов овощей в день.

Фрукты и ягоды

Если раньше свежие фрукты и ягоды были в основном сезонными продуктами, то в настоящее время практически все они доступны на протяжении всего года. Многие из них — щедрый источник витаминов и природных антиоксидантов. Большинство как фруктов, так и ягод содержат крайне мало белков и практически не содержат жиров, зато в них много углеводов и минеральных веществ. Фрукты и ягоды, в определенном роде, могут служить альтернативой овощам. Однако необходимо помнить, что многие из них содержат в своем составе больше, чем в овощах, сахара и имеют высокий гликемический индекс.

Чем спелее фрукты и ягоды, тем больше в них сахара и тем выше их гликемический индекс.

Среди углеводов преобладают легкоусвояемые простые сахара — глюкоза и сахароза. Особое внимание заслуживает виноград, который по содержанию сахаров в 2 раза превосходит все остальные ягоды и фрукты.

Немало в плодах и ягодах пищевых волокон — до 2 и 5% соответственно.

Исторически сложилось, что многие российские хозяйки делают различные заготовки из фруктов и ягод на зиму. В народе бытует твердое убеждение, что домашние компоты и варенья представляют собой настоящую кладовую витаминов и других полезных веществ. На деле все обстоит не так, как того хотелось бы. Действительно, в этих продуктах сохраняется много минеральных веществ и микроэлементов, но витаминов — увы, нет. Все они разрушаются в процессе тепловой обработки. Более того, в вареньях, повидле и тому подобных продуктах содержится много сахара, который добавляется в них в процессе приготовления. Другой способ заготовки — растирание ягод или плодов с сахаром без тепловой обработки. Но, опять-таки, с сахаром! Поэтому, если вы твердо встали на путь нормализации массы тела, этих продуктов следует остерегаться или употреблять в ограниченных количествах. Единственный способ заготовки ягод и некоторых плодов на зиму, который можно было бы рекомендовать,— глубокая заморозка, которая обеспечивает максимальное сохранение полезных компонентов в этих продуктах.

Но неужели не существует каких-либо других способов сохранения витаминов на зиму?

«А как же сухофрукты?» — спросите вы. Может быть, они тоже могут оставаться источником витаминов на холодный период времени? К сожалению, и в них также витамины практически отсутствуют. До 20—40% витаминов утрачивается и при изготовлении соков. В процессе хранения фрукты и ягоды довольно быстро теряют витамины, да и некоторые другие полезные вещества. В связи с этим наиболее ценными остаются все же свежие фрукты и ягоды или свежеприготовленные из них соки.

Зерновые продукты

Зерновые продукты традиционно очень популярны в России. Наиболее востребованы из них пшеница, рожь, ячмень, овес, кукуруза, гречиха и рис. Они являются важнейшими источниками белка, крахмала, клетчатки, витаминов группы В, железа и других минеральных веществ. Для них характерно низкое содержание жиров и отсутствие витамина С. Ограничения в употреблении продуктов из зерна практически отсутствуют, если при их приготовлении не использовался сахар и жиры.

Во многих странах мира продукты из зерновых составляют около 50% энергетической ценности пищевого рациона. Основными продуктами переработки зерна являются крупы и мука. Из муки изготавливают **хлеб**, потребление которого в нашей стране всегда было значительным. Свойства хлеба зависят не только от самого зерна, из которого он произведен, но от степени измельчения и очистки зерна. Чем тоньше помол, тем выше сорт. Однако при этом теряются многие полезные свойства зерновых — в частности, уменьшается содержание в них клетчатки. Это обусловлено тем, что клетчатка находится преимущественно в оболочке зерна, которая удаляется при обработке.

Для нас же с вами наибольший интерес представляют сорта хлеба, приготовленного из цельного зерна одного-нескольких злаков или из муки грубого помола, возможно, с добавлением отрубей. При их производстве зерно дробится, но оболочка не удаляется, и содержание пищевых волокон может достигать 6,8%. Кроме клетчатки в оболочке зерна содержатся витамины группы В и минеральные вещества.

Если использовать сорта хлеба из муки грубого помола, то опасность набора лишней массы тела значительно снижается. Главное, соблюдать умеренность. Не следует еще забывать, что при производстве хлеба используется немало соли.

Каши — древнейший (много старше хлеба!) и ценнейший в питательном отношении зерновой продукт. Они являются основной едой для вегетарианцев почти круглый год, за исключением периода изобилия сезонных овощей и фруктов. Рекомендуется каши варить на воде или на основе овощных отваров. Добавлять в каши молоко или готовить молочные каши людям старше 12 лет не рекомендуется и даже вредно в связи с плохим усвоением молока.

Нередко название круп для каши отличается от зерновой культуры, из которой они готовятся. В нижеприведенной таблице показано, из чего получаются различные крупы.

Зерновые культуры для производства круп

Зерновая культура (растение)	Название крупы
Гречиха	Ядрица, продел
Кукуруза	Кукурузная крупа
Овес	Овсяная крупа, хлопья «Геркулес»
Просо	Пшено
Пшеница	Манная, пшеничная крупа «Артек»
Рис	Рис
Ячмень	Перловая, ячневая крупа

Установлено, что от способа приготовления круп также зависит сохранность полезных веществ в составе полученной пищи. Например, если в процессе приготовления крупы вода не сливается, то теряются в составе только витамины, которые разрушаются от высокой температуры. А вот если воду при приготовлении будем сливать, то потеряем еще и белки с углеводами. Поэтому при приготовлении каш рекомендую четко соблюдать пропорции крупы и воды или готовить каши разной консистенции.

Какие же каши самые полезные? Это, прежде всего, гречневая и овсяная, так как в крупах, из которых они готовятся, содержится больше всего белка и растительных жиров. Очень рекомендую попробовать крупу квиноа, которая по содержанию полезных белков практически не уступает мясу. Готовить ее лучше с тыквой или грушей. Всем советую утро начинать с овсяной каши, которая не только насыщает, способствует медленному высвобождению энергии, но поднимает уровень серотонина, поддерживая уже с утра позитивное настроение.

Макаронные изделия также являются составляющей разнообразного сбалансированного питания и относятся к продуктам длительного хранения. Изготавливаются они из пшеничной муки с добавлением яиц, молока и других ингредиентов. Особую ценность представляют макаронные изделия из муки твердых сортов пшеницы. Рекомендую макаронные изделия есть слегка недоваренными в сочетании с овощными гарнирами или овощными соусами.

Бобовые культуры
и продукты из них

С бобовыми культурами человечество знакомо еще с каменного века, но популярность их особенно выросла в последние десятилетия. Это обусловлено полезными свойствами бобовых. В частности, бобовые и, прежде всего, соя являются лидерами по содержанию в них легко

усваиваемых белков. Блюда, приготовленные из бобов, не являются диетическими, так как остаются в желудке более 4 часов и могут являться причиной возникновения процесса брожения в кишечнике. В связи с этим бобовые требуют тщательной термической обработки, после которой они значительно лучше усваиваются организмом. Содержащиеся в бобах пищевые волокна способствуют быстрому насыщению и помогают работе кишечника.

В нашей стране из бобовых распространены фасоль, горох, чечевица, арахис и соя.

В качестве источника полноценного питания в первую очередь рассматривается соя.

Основным биохимическим компонентом семян сои является полноценный белок, содержание которого варьируется в пределах 30–50%. Соевый белок содержит до 20 аминокислот, включая незаменимые, и усваивается на 70%. Соевые бобы по большинству показателей превосходят говяжье мясо.

В большинстве бобовых культур, за исключением сои, из которой получают соевое масло, очень малое количество жира. Вместе с тем соя в этом отношении может сравниться с подсолнечником, поэтому ее относят к масличным культурам. Масло из сои богато ненасыщенными жирными кислотами и лецитином, которые способствуют снижению уровня холестерина и нормализации жирового обмена в организме.

Соевое масло особенно полезно при атеросклерозе, избыточной массе тела, сахарном диабете и ряде других заболеваний, прежде всего, сердечно-сосудистой системы.

Масла в соевых бобах содержится от 16 до 27%, а в состав его входят триглицериды и липоидные вещества.

Характерной особенностью бобовых является относительно невысокое содержание в них углеводов. Вместе с тем в них много провитамина А, а также витаминов группы В и С и микроэлементы, которые содержатся как в зрелых бобах, так и в зеленых плодах. Особо следует сказать о витамине Е, который обладает выраженной антиоксидантной активностью. Содержание в масле сои витамина Е достигает 830–1200 мг/кг, что значительно превосходит все другие масла.

Одно из отрицательных свойств бобовых — высокое содержание в них пуриновых оснований. Поэтому от употребления бобовых при повышенном уровне мочевой кислоты в крови и тем более при подагре следует отказаться. Кроме того, в составе бобовых много природных ингибиторов протеаз, которые могут оказывать негативное действие на органы пищеварения и, прежде всего, на поджелудочную железу.

Соя относится к сельскохозяйственным культурам, в отношении которых в настоящее время производятся генетические исследования и разработки. Следует обратить внимание, что генетически модифицированная соя входит в состав все большего числа продуктов, выпускаемых в разных странах, но прежде всего в США. На территории России и некоторых других стран информация об использовании генетически модифицированной сои в составе продуктов должна обязательно присутствовать на этикетке товара.

Грибы

По своим питательным свойствам грибы превосходят многие овощи и фрукты, а по химическому составу приближаются к продуктам животного происхождения — то есть сочетают в себе свойства овощей и мяса. Раньше во время постов грибы были важным компонентом пищи русского народа.

Свежие грибы содержат около 90% воды, а состав макронутриентов значительно отличается в зависимости от вида гриба и частей плодового тела.

Белки концентрируются в основном в шляпках грибов, при этом в их составе обнаружены 18 аминокислот, 8 из которых являются незаменимыми. Клеточные оболочки грибов содержат в составе хитин, который не разлагается в желудочно-кишечном тракте, поэтому при приготовлении грибы необходимо предварительно мелко нарезать, а затем подвергнуть хорошей термической обработке. В этом случае усвоение белков существенно улучшается.

Жиров в грибах содержится мало, однако в их состав входит очень ценное вещество — лецитин, которое препятствует отложению в тканях и сосудах холестерина.

По количеству и составу углеводов грибы приближаются к овощам. Наиболее важной их составной частью является клетчатка, которая нормализует кишечную микрофлору и выводит из организма излишки холестерина и токсических веществ.

Грибы богаты ферментами — амилазой, липазой и некоторыми другими, а по содержанию отдельных витаминов они не уступают мясным продуктам. Особенно много в грибах витаминов А, группы В, С и РР. Из минеральных веществ в грибах особенно много калия, фосфора и железа.

С грибами или после них не рекомендуется употреблять спиртные напитки, под влиянием которых грибные белки свертываются и плохо перевариваются в желудочно-кишечном тракте.

Молочные продукты

Молоко является первым пищевым продуктом, который человек пробует в своей жизни. Однако в зрелом возрасте далеко не все могут его пить, так как в желудочно-кишечном тракте подавляющего большинства людей снижается выработка ферментов, которые отвечают за усвоение компонентов молока. Если же в этом отношении все в порядке, то молоко может быть прекрасным дополнением к здоровому и полноценному рациону питания в любом возрасте.

Молоко и молочные продукты, получаемые из него, очень важны в питании человека как источники белков, витаминов А, B_2, B_{12}, а также легко усваиваемого кальция. Особенно богаты ими сыры и творог.

Молоко и кефир

В большинстве стран мира основные молочные продукты получают из состава коровьего молока. Значительно реже в пищу используют козье, кобылье или верблюжье молоко. В коровьем молоке содержатся все незаменимые аминокислоты, да и усваиваются они, при достаточном количестве требуемой лактозы, почти на 96%, а это очень много. Не уступает по своей пищевой ценности и молочный жир, который усваивается на 95% и очень благоприятно влияет на процесс пищеварения. А вот молочный сахар по усвоению в организме настоящий чемпион — оно достигает 98%. Всего же в молоке содержится более 200 компонентов.

Цельное коровье молоко содержит 3—4% жира. Оно поступает в продажу в пастеризованном или стерильном виде. Пастеризованное молоко не нуждается в кипячении перед его употреблением и может достаточно долго храниться в холодильнике (не менее 36 часов). Стерилизованное же молоко предназначено для длительного хранения, так как при его производстве полностью уничтожаются все микроорганизмы. Сгущенное молоко, или любимая многими «сгущенка», представляет собой продукт для очень длительного хранения и производится путем выпаривания молока под вакуумом. Пищевая ценность его значительно ниже, чем у натурального, а сахара в нем очень много, поэтому использовать его при снижении массы тела просто нецелесообразно.

Нам же с вами подойдут, прежде всего, обезжиренные молочные продукты.

В тех случаях, когда при употреблении цельного молока возникает тяжесть в подложечной области, изжога, отрыжка и расстройство в деятельности кишечника, предпочтение следует отдать кисломолочным продуктам. Да и при хорошей переносимости цельного молока они остаются любимыми у значительной части населения.

Кефир, без сомнения, один из самых востребованных молочнокислых продуктов. В промышленных условиях кефир получают путем добавления к молоку кефирного грибка, содержащего молочнокислые бактерии и молочные дрожжи, которые, кстати, придают особый аромат и вкус продукту. Кефир легко усваивается и оказывает тонизирующее действие. Нередко люди, плохо переносящие молоко или даже имеющие аллергические реакции на него, хорошо переносят кефир. Содержащаяся в нем молочная кислота не только оказывает благоприятное действие на микрофлору кишечника, но и обладает легким антимикробным действием.

К кисломолочным продуктам относятся также ряженка, ацидофилин, простокваша, сметана, творог и сыр. В этом же ряду стоят и йогурты, которые появились в нашей стране только в последние десятилетия, хотя идея их создания принадлежит великому русскому ученому И. И. Мечникову.

Кисломолочные продукты обладают всеми пищевыми свойствами молока, но их дополнительное преимущество, помимо благоприятного влияния на кишечную флору, состоит в меньшем содержании молочного сахара, поэтому их хорошо переносят люди с лактозной недостаточностью.

Простокваша получается при сквашивании молока молочнокислыми бактериями, которые специально добавляют в него. Лактозы бактерий из молочного сахара образуют молочную кислоту, которая и придает этому продукту кисловатый вкус. Если же простоквашу подвергнуть дальнейшей обработке путем нагревания, она свернется и осядет на дно в виде белого осадка и минеральных солей, а сверху отделится сыворотка. Этот осадок и представляет собой творог, то есть концентрат казеиновых фракций молочных белков и минеральных солей, главным образом кальция.

Творог с низким содержание жира — самый ценный продукт, так как содержит чрезвычайно большое количество хорошо усваиваемого белка.

В магазины творог поступает в пастеризованном виде, то есть обезвреженный от бактерий. По своим свойствам и технологии приготовления творог занимает промежуточное положение между кисломолочными продуктами и сырами.

Сыры можно образно назвать настоящими королями среди молочных продуктов. Их популярность в мире очень высока — вырабатывается около 800 различных его видов. Разделяют все сыры на твердые и рассольные. Получают же сыры путем специального сквашивания молока бактериями, а затем створаживания его сычужным ферментом. Образовавшийся твердый сгусток продолжают обрабатывать путем нагревания. При этом активность микроорганизмов значительно возрастает, что приводит к образованию и выделению ароматических веществ, придающих сыру его специфический вкус и запах. Процесс изготовления сыров долог и трудоемок, поэтому и стоимость лучших сортов готового продукта нередко бывает очень высока.

У сыра есть близкий родственник — брынза, которая представляет собой один из немногих низкожировых продуктов данного благородного семейства. Получают ее из овечьего и коровьего молока, используя также сычужные ферменты, но созревание брынзы составляет всего 10—15 дней. Имейте в виду, в составе брынзы может быть очень много соли.

Питательная ценность сыра определяется, прежде всего, высоким содержанием в нем белков — до 25%, которые очень легко усваиваются. Обусловлено это тем, что расщепление белка до аминокислот происходит еще вне организма человека — во время созревания сыра. Содержание жира в сырах из расчета сухого вещества может достигать более 50%, что обеспечивает высокую калорийность данного продукта.

Также к кисломолочным продуктам относятся **сливки, сливочное масло и сметана**. Сливки и сливочное масло получают путем сепарации, то есть разделения молока на части — жировую и бедную жиром. Та, что содержит много жира, называется сливками. Жира в них может быть до 30%. Если сливки механически взбить, получится масло — высококалорийный продукт, в котором содержание жира достигает уже 80% и более.

• • • • МОЛОЧНЫЕ ПРОДУКТЫ •

В связи с этим сливочное масло при снижении массы тела следует исключить из своего пищевого рациона.

Если в сливки добавить кисломолочные бактерии, то в процессе сквашивания образуется **сметана**. Жирность ее колеблется в пределах 15—40%.

В программы снижения массы тела можно включать сливки и сметану только минимальной жирности и лишь эпизодически.

Йогурты стали настоящей народной любовью, что, впрочем, вполне оправданно. Выбор их велик, и на любой вкус, но не следует забывать, что лишь немногие йогурты действительно полезные, то есть «живые». В основном покупателям предлагаются «йогуртовые продукты», перенасыщенные сахаром и консервантами.

Йогурт — вкусный, полезный и питательный продукт. Попадая в кишечник, он подавляет жизнедеятельность различных болезнетворных бактерий, а также дрожжей, способен восстанавливать нормальную микрофлору кишечника, нарушенную, например, из-за лечения антибиотиками. Для организма это ценный источник отдельных витаминов группы В, кальция, фосфора, цинка и магния. Йогурт хорошо воспринимается людьми, которые не переносят молоко.

Единственное несовершенство натурального йогурта — недостаток сладкого вкуса. И многие предпочитают йогурты фруктовые и сладкие. Только вот для нашего организма они бесполезны — ведь, даже если в йогурт добавляют настоящие фрукты, они не свежие, а подвергшиеся предварительной обработке. Так что все витамины в них практически разрушились. К тому же, если живые бактерии, находящиеся в йогурте, сталкиваются с сахаром из фруктов, они быстро переключаются с лактозы на фруктозу и начинают сбраживать фруктовые кусочки, а не ферментировать молоко. Это может провоцировать кишечные расстройства.

При изготовлении йогуртов используют определенные микроорганизмы, а именно болгарскую палочку и термофильный стрептококк.

При их добавлении в пастеризованное молоко сложные вещества, содержащиеся в его составе, распадаются до простых, что способствует их быстрому и полному усвоению. Если в составе йогурта присутствуют бифидобактерии, то они способствуют восстановлению нормальной флоры кишечника. Поэтому рекомендую покупать только натуральные йогурты без наполнителей и сахара или делать их самостоятельно из молока с использованием йогуртовой закваски.

Но и наконец, то есть на десерт, **мороженое**, тем более что и едят его именно в завершение трапезы. Состав разных сортов мороженого значительно варьируется, но общим для него является высокое содержание сахара и жира. Поэтому злоупотребление этим продуктом очень быстро может привести не только к увеличению веса, но и к формированию инсулинорезистентности и ускорению старения организма.

Мороженое очень калорийный продукт, поэтому побаловать себя им можно лишь изредка.

Мясо и мясные продукты

Мясная пища — основной источник полноценных белков в рационе человека. Именно в этих белках содержатся незаменимые аминокислоты, которые необходимы для обеспечения всех пластических процессов в организме. Вместе с тем в состав мяса входят и неполноценные белки — коллаген и эластин, которые являются основой соединительной ткани, связок и сухожилий.

Чем больше в мясе мышечной ткани, тем ценнее оно по белковому составу.

Белка же в мясе содержится около 15–20%, и его количество меняется в зависимости от вида животного, его упитанности, возраста и пола.

Усваиваются мясные белки более чем на 95%.

Уменьшение объема мяса при варке объясняется, главным образом, выделением воды и свертыванием белков.

Содержание жира в составе мяса также зависит от вида животного и его упитанности. С возрастом в подкожном жире животных содержание насыщенных жирных кислот увеличивается, поэтому более полезным будет мясо молодого животного. Лучшим по вкусовым и питательным свойствам считается мясо с равным количеством белков и жиров.

Большинство мясных продуктов содержат много животного жира. Это как видимый в мясе жир — белая или желтоватая прослойка, так и невидимый, которого особенно много в свинине, даже постной.

В мясе содержатся экстрактивные вещества, придающие ему специфический вкус и аромат. При варке мяса они переходят в бульон, который является одним из лучших возбудителей секреции желудочного сока. Надо учитывать, что в мясе молодых животных их значительно меньше, чем в мясе взрослых животных.

Из минеральных веществ в мясе преобладают калий, фосфор, натрий, хлор, железо. За счет мясных продуктов полностью обеспечивается потребность организма человека в фосфоре. Мясо и мясные продукты являются поставщиками кислых радикалов.

Витамины также присутствуют в мясе, но в основном лишь водорастворимые, особенно витамины группы В.

Больше всего витаминов содержится в печени.

Наилучшим способом приготовления различных блюд из мяса является варка, варка на пару, а также тушение и запекание.

Колбасы и колбасные изделия — это продукты, приготовленные из мясного фарша с солью и специями в оболочке или без нее, подвергшиеся термической обработке. Они лучше усваиваются по сравнению с сырьем, из которого изготовлены.

Для изготовления колбасных изделий в качестве основного сырья используют говядину, свинину, баранину, шпик, субпродукты и кровь. Различные добавки к основному сырью, в зависимости от вида и сорта колбасных изделий, значительно улучшают их вкус, консистенцию, цвет, придают аромат, однако не всегда способствуют улучшению питательной ценности продукта. В программах снижения веса, да и просто при сбалансированном питании, я не рекомендую употреблять эти продукты.

Мясо птиц широко используется для приготовления пищевых продуктов. В связи с особенностями анатомического строения самым ценным мясом у птиц являются мускулы груди и плеча, а также бедра. Мясо птиц по сравнению с мясом млекопитающих имеет значительно меньше соединительной ткани, которая равномерно распределена по всем мышцам. Жировые отложения у птиц сосредоточены преимущественно под кожей и на внутренних органах. Особенно значительное подкожное отложение жира у водоплавающих птиц.

Мясо птицы — ценный источник белка, жиров, минеральных веществ и витаминов. По своему аминокислотному составу белки мяса птиц относятся к высокоценным, содержащим все незаменимые аминокислоты, сбалансированные в оптимальных отношениях. По содержанию неорганических минеральных веществ оно не уступает мясу млекопитающих, а иногда превосходит его. Куриное мясо, например, содержит в 3 раза больше железа, чем говядина. В мясе дикой птицы больше, чем в мясе домашних животных, экстрактивных веществ, которые придают бульонам из дичи резкие, даже неприятные запах и вкус, поэтому дичь используют только для приготовления вторых блюд в жареном или тушеном виде.

Необходимо помнить, что в мясе и мясных продуктах содержится много пуриновых оснований, поэтому чрезмерное увлечение ими может вызвать обострение подагры, что нередко наблюдается у лиц с избыточным весом и нарушением обменных процессов в организме.

Больше всего пуринов в свинине, меньше — в говядине и особенно в баранине. Внимание: в мясе молодых животных пуринов больше, чем в мясе взрослых животных, но особенно много их в составе внутренних органов (печень, почки), а также в колбасных изделиях, главным образом в копчениях и ветчине.

В сравнении с мясом других животных в крольчатине меньше холестерина, больше полезных фосфолипидов и железа. Это следует учитывать в случаях, когда имеется нарушение липидного спектра крови. И еще запомните: вареное или рубленое мясо переваривается лучше жареного. Мясо же, богатое соединительной тканью, приемлемо для лиц, страдающих запорами, ожирением и атеросклерозом.

Еще раз хочу напомнить, что от копченых, жирных, пряных и острых готовых мясных изделий, а также от колбас при снижении избыточной массы тела необходимо воздержаться в связи с высокой их калорийностью и содержанием в их составе соли.

Рыба и морепродукты

По пищевым и кулинарным качествам рыба не уступает мясу млекопитающих, а по легкости усвоения даже превосходит его, что является одним из наиболее существенных достоинств этого продукта. Рыхлые мягкие ткани рыбы легко перевариваются, но длительного ощущения сытости не дают. Например, говядина переваривается в организме

• РЫБА И МОРЕПРОДУКТЫ • • • •

5 часов, а рыба — только 2—3 часа. Но это скорее ее достоинство, чем недостаток. Ценность рыбы как пищевого продукта определяется наличием в ее составе полноценных белков, легкоусвояемых жиров, а также значительным содержанием витаминов и минеральных веществ.

Белки рыбы полноценны, содержат все незаменимые аминокислоты, и усвоение их организмом достигает 98%. **Содержание белков в составе рыбы находится в пределах 15—20%.**

Особенно богаты белком океанические рыбы. Белок морских рыб содержит аминокислоту таурин, которая является одним из регуляторов артериального давления. Кроме того, таурин стимулирует выделение инсулина, регулирующего уровень глюкозы в крови. В мышцах рыбы количество соединительной ткани приблизительно в 5 раз меньше, чем в мясе млекопитающих, а эластин практически отсутствует.

Содержание жира в рыбе зависит от вида и времени вылова и в связи с этим может колебаться в очень широких пределах — от 0,5 до 33%. Чем старше рыба, тем она, как правило, жирнее. От жирности рыбы зависит и вкус ее мяса, а также ее кулинарные качества. Количество жира и распределение его по отдельным участкам тела рыбы непостоянно. Особенно неблагоприятно на жирность влияет нерест и связанное с ним снижение интенсивности питания, а также длительное передвижение.

Рыбий жир — существенный источник арахидоновой кислоты, биологически очень важной для организма человека. Кроме того, рыбий жир снижает количество холестерина в крови, это происходит благодаря наличию в рыбьем жире полиненасыщенных жирных кислот омега-3.

Ежедневный прием 30 г рыбьего жира снижает количество холестерина в крови на 7%.

Лучшими вкусовыми качествами обладает рыба средней жирности, у которой жир располагается между мышцами или сосредоточен под кожей. Это морской окунь, палтус, скумбрия, осетровые и другие. Но вместе с тем понятие жирности для рыбы чисто символическое. Ведь даже такая рыба, как лосось или сельдь, содержат жира значительно меньше, чем большинство видов мяса. Поэтому, выбирая во время снижения массы тела между мясом и рыбой, предпочтение следует отдавать рыбе.

Углеводы в мясе рыб представлены в основном мышечным крахмалом — гликогеном, и содержание его очень незначительно, но именно благодаря гликогену рыбный бульон имеет приятный, слегка сладковатый вкус.

Минеральные вещества, содержащиеся в тканях рыб, характеризуются исключительным разнообразием, что объясняется обилием их в воде. Морская рыба, что вполне естественно, содержит минеральных веществ больше, чем пресноводная.

В рыбе много кальция, калия, фосфора, серы, хлора, натрия, магния, железа, меди, цинка, кобальта, а также йода.

Богата рыба также и многими витаминами — А, С, D, Е, группы В.

Крабы, морские раки, моллюски, кальмары, каракатицы, трепанги, всевозможные съедобные водоросли и т. д. обладают теми же пищевыми достоинствами, что и рыба, а в некоторых случаях и превосходят ее. Так, например, жир мидий отличается высоким содержанием фосфатидов и полиненасыщенных жирных кислот, особенно арахидоновой.

Среди съедобных водорослей особое место принадлежит морской капусте. Она очень богата минеральными веществами и относится к малокалорийным продуктам. А благодаря высокому содержанию йода морская капуста используется как ценное средство для профилактики атеросклероза и лечения заболеваний щитовидной железы.

• РЫБА И МОРЕПРОДУКТЫ • • • • •

Рыбу и нерыбные продукты моря можно подвергать различным способам термической обработки. По сравнению с мясом рыба нуждается в менее длительной обработке, поэтому времени на приготовление рыбных блюд требуется гораздо меньше, чем на приготовление мясной еды. Потери массы продукта при этом составляют только 18—20%, что вдвое меньше по сравнению с мясом домашних животных.

Если вы хотите похудеть, следует выбирать нежирные сорта рыбы, например треску, пикшу, камбалу, хек, ледяную, речной окунь или щуку. В этой рыбе совсем немного калорий.

Людям с высоким уровнем холестерина в крови для профилактики сердечно-сосудистых заболеваний предпочтение следует отдавать жирной рыбе (сардина, скумбрия, форель, лосось), которая, однако, более калорийная. В этом случае я советую включать жирную рыбу в свой рацион 2—3 раза в неделю и немного сокращать калорийность суточного рациона за счет других продуктов. Готовить же ее нужно на пару, в гриле или запекать, чтобы сохранить все полезные вещества.

Бытует мнение, что рыба очень дорогой продукт. Действительно, некоторые виды рыбы нельзя назвать бюджетными продуктами, но есть и дешевые, которые с успехом можно использовать в программах снижения избыточной массы тела. К тому же, в отличие от мяса и птицы, при готовке рыбы не нужно срезать жир, так что и отходов становится меньше.

Если вы используете в питании рыбные консервы, выбирайте такие, в которых рыба законсервирована не в масле, а в рассоле или родниковой воде.

При употреблении же рыбы, законсервированной в масле, его следует предварительно осторожно слить.

Жиры и масла

Жиры и масла представляют собой природные соединения, находящиеся в тканях животных, в семенах и плодах различных растений, а также в некоторых микроорганизмах. Животные жиры — твердые легкоплавкие вещества, а большинство растительных масел представляют собой жидкости.

Растительные жиры

Значительную долю потребляемого жира должны составлять растительные масла, которые содержат очень важные для организма соединения — полиненасыщенные жирные кислоты. Эти кислоты получили название «незаменимых», и, как и витамины, они должны поступать в организм в готовом виде. В России издавна наиболее известно и популярно подсолнечное масло. Однако лидирующее положение по содержанию полиненасыщенных жирных кислот бесспорно занимает оливковое масло.

В пищу можно использовать также рапсовое, кукурузное, льняное, масло арганового дерева, виноградных косточек, кунжутное. Другие растительные масла используются значительно реже.

Помимо жирных кислот в растительных маслах исключительно много витамина Е и b-ситостерина — антагониста холестерина. В настоящее время для приготовления пищи рекомендуется использовать преимущественно растительные масла, которые, однако, нельзя подвергать термической обработке более 3-х минут. Кроме того, необходимо помнить, что они относятся к разряду наиболее калорийных продуктов, поэтому использовать их можно только в строго ограниченных количествах.

> Я советую **в день** съедать не более **1,5 столовой ложи** растительного масла

Животные жиры

Из животных жиров традиционно очень популярно сливочное масло, в котором много витамина A, D, b-каротина, а также других полезных веществ. Оно относится к молочным жирам и содержит насыщенных жирных кислот от 50 до 70%, а ненасыщенных 25—45% от суммы всех жирных кислот. Многие животные жиры, которые получают путем вытопки из жировых тканей животных, имеют высокое содержание насыщенных жирных кислот и с точки зрения диетологии не являются полезными, а в процессе снижения избыточной массы тела их лучше вообще не использовать.

В последние годы разработаны методы синтеза искусственных жиров, которые фермент липаза не способен расщеплять, поэтому они не проникают в клетки кишечника и не усваиваются организмом. Искусственный жир «Олестра» стал основой многих диетических продуктов. Для его синтеза используют в основном олеиновую кислоту, получаемую из растительного масла. По вкусу и консистенции «Олестра» практически неотличима от природных животных жиров и с успехом применяется для выпечки и жарки. Хочу отметить, что при использовании продуктов с содержанием компонента «Олестра», из организма наряду с неусвоенным жиром выводятся и жирорастворимые витамины, которые в данной ситуации необходимо восполнять.

Жиры во многом придают пище вкус, это очень важно, но необходимо помнить, что **все жировые продукты являются очень высококалорийными, поэтому включать их в пищевой рацион во время похудения можно лишь в минимальных количествах и лишь периодически.**

Кондитерские изделия

Кондитерские изделия в зависимости от применяемого сырья, технологии производства и их свойств условно разделяют на **сахаристые** и **мучные**. Как правило, кондитерские изделия содержат много углеводов, белков и жиров, а также различных других добавок и наполнителей. Некоторые из них специально витаминизируют. Все кондитерские изделия обладают приятным вкусом и ароматом. В связи с этим они относятся к продуктам с высокой пищевой ценностью. Казалось бы, все замечательно, но один показатель ставит жирный минус для желающих их использовать в своих программах снижения веса. Это энергетическая ценность продукта — большинство кондитерских изделий имеют высокую калорийность. Однако имеются и плюсы: некоторые из них, например шоколад, могут длительно сохранять свое высокое качество. В связи с чем кондитерские изделия можно использовать во время путешествий, когда нет возможности полноценно питаться, а также во время некоторых разгрузочных дней. Вместе с тем не следует забывать, что чрезмерное потребление кондитерских высококалорийных продуктов может привести к значительным расстройствам здоровья, включая ожирение и сахарный диабет.

Поваренная соль

Хотя поваренная соль и относится к пищевым продуктам с простой химической формулой и не несет в себе энергетической ценности, роль ее для организма человека огромна. Попросту же говоря, ни один живой организм не проживет долго без соли. Она принимает активное участие в поддержании и регулировании водно-электролитного баланса в организме. Тонкие биохимические механизмы поддерживают постоянство концентрации хлористого натрия в крови и других жидкостях организма. Разность концентрации соли внутри и снаружи клетки является основным механизмом поступления питательных веществ и выведения из нее продуктов жизнедеятельности. Благодаря этому разделению концентраций соли происходит передача нервных импульсов в нейронах. Кроме того, соль выполняет и ряд других важных для организма функций, в частности оказывает влияние на белковый обмен.

Суточная потребность в натрии, который является составной частью соли, составляет 4–7 г.

• СОЛЬ • • • • • • • • • • • • • • •

Соль употреблялась в пищу с глубокой древности. Так, например, римским солдатам выдавали в качестве благодарности за службу талоны на покупку соли (на латыни: sal) — salarium argentum. От этого произошло английское слово salary (заработная плата). Римляне предпочитали солить зелень, в результате чего латинское слово, обозначающее соль, вошло в состав нового слова salad (салат). На латыни же salata обозначает «солёный».

Потребность в натрии существенно возрастает при сильном потоотделении в жарком климате или при больших физических нагрузках. Человек может выдержать полное отсутствие соли в пище не более 10–11 суток.

Большая часть соли выводится из организма с потом и мочой. Хроническая нехватка соли сопровождается потерей веса и аппетита, вялостью, тошнотой и мышечными судорогами.

Современный человек употребляет в пищу гораздо больше поваренной соли, не менее 20 г в сутки. В нашей стране употребление большого количества поваренной соли носит традиционный характер из-за климатических особенностей. Так как практически на всей территории России урожай собирается лишь один раз в год, население и пищевая промышленность готовит много засоленных продуктов впрок, на всю длинную зиму. Более того, более 50% населения нашей страны дополнительно подсаливают пищу, не учитывая, что многие продукты питания, выпускаемые пищевой промышленностью, содержат значительное количество соли, используемой в качестве консерванта. В то же время на большей территории России не работает такой важный фактор регуляции натрия в организме, как потеря его при потоотделении — ведь жара в наших широтах редкость.

У женщин избыток соли провоцирует появление целлюлита и может привести к вымыванию кальция из организма

С другой стороны, избыток натрия в соли и других пищевых продуктах может быть предрасполагающим фактором для развития артериальной гипертонии и других заболеваний сердца, печени и почек. Кроме того, натрий задерживает в тканях воду, что приводит к отечности, часто визуально не определяемой, и увеличению массы тела.

Одним из ключевых факторов в развитии целлюлита являются застойные явления в тканях, возникающие в том числе из-за переизбытка натрия в тканях. Поэтому красавицы — любительницы солененького, должны выбирать, что для них важнее: сиюминутный вкус пищи или состояние фигуры и кожи.

Следует повторить еще раз, что большинство людей с избыточным весом страдают метаболическим синдромом, включающим и повышение артериального давления — артериальную гипертонию. Уменьшение содержания соли в пищевом рационе очень благотворно сказывается на их здоровье. В частности это сопровождается снижением повышенного артериального давления. Так, было установлено, что сокращение потребления поваренной соли в сутки с 6 до 4 г ведет к снижению артериального давления на 10/7 мм рт. ст.

Женщинам нужно знать, что повышенное потребление соли приводит к увеличению выделения кальция с мочой, уменьшению плотности костей и повышению риска развития остеопороза.

В приготовлении пищи поваренная соль употребляется как важнейшая приправа. Соль имеет хорошо знакомый каждому характерный вкус, без которого пища кажется пресной.
Соль также выполняет функцию консерванта.

При составлении пищевого рациона следует помнить, что в растительной пище натрия практически нет, а источником его является животная пища. В процессе снижения избыточной массы тела необходимо тщательно следить за поступлением соли в организм и ограничивать 2—4 г в сутки, а в период разгрузочных дней совсем воздержаться от соли. Поэтому откажитесь от большинства готовых и промышленно обработанных продуктов, которые щедро посолены производителями, придерживайтесь преимущественно натуральных продуктов.

Натуральная морская соль содержит 90—95% NaCl (хлорид натрия) и до 2% других минералов: солей магния, кальция, калия, марганца, фосфора, йода и др. Всего же — свыше 100 минералов, состоящих из 80 химических элементов. Пищевая морская соль подчеркивает своеобразный вкус

Отдавайте предпочтение морской пищевой соли — в ней сохранены все минералы и микроэлементы

любого продукта и придает всем блюдам особенно изысканный вкус. У этой соли нежнее вкус и сильнее аромат, чем у обычной поваренной пищевой соли. Вкус пищевой морской соли может изменяться в зависимости от места происхождения.

Разные сорта соли отличаются по целому ряду признаков, включая размеры кристаллов и цвет. Поваренную соль часто называют также «столовая соль», «каменная соль» или просто «соль».

В отличие от поваренной соли, пищевая морская соль имеет неограниченный срок годности и при этом, благодаря естественной кристаллизации, не теряет своих полезных свойств.

Издавна и до настоящего времени лучшую соль добывают из соленых источников путем выпаривания или вываривания. При этом она сохраняет в своем составе кроме хлорида натрия и все другие полезные для организма человека соли. Именно эту соль и целесообразно использовать в своем пищевом рационе.

Столовая соль (осветленная рафинированная соль) в отличие от морской состоит на 99,9% из NaCl (хлорид натрия), так как в результате осветления (рафинирования) все микроэлементы из нее удаляются с использованием химикатов и высокой температуры. Соль высушивают в огромных искусственных печах при температурах, превышающих 650° С. При такой огромной температуре молекулы соли лопаются, меняется ее структура, что при дальнейшем употреблении соли в пищу негативно влияет на организм человека. Такая соль, несмотря на внешнюю ее привлекательность, практически не содержит в себе полезных компонентов, и ее следует избегать при приготовлении блюд. Более того, для улучшения внешнего вида продукта производители поваренной соли добавляют в нее специальные вещества, которые предотвращают смешивание соли с водой во время ее хранения. Однако то же происходит и в организме человека: эти вещества не дают соли раствориться и взаимодействовать с биологическими жидкостями — кровью и лимфой. В состав таких специальных добавок входит алюминий — очень токсичный металл, при хроническом попадании которого в организм может развиться болезнь Альцгеймера. А соль, неспособная раствориться в жидкостях, накапливается в тканях организма, что может привести к серьезным заболеваниям.

В настоящее время нас призывают использовать йодированную соль как очень полезный продукт. Но соединения йода крайне нестойкие, йод очень быстро улетучивается из них. Поэтому «йодированной соли» просто не существует, ее реклама не что иное как коммерческая уловка!

Существует легкий **способ проверить, какую соль вы употребляете.** Добавьте в стакан простой воды чайную ложку соли и оставьте на ночь. На следующий день вы увидите, что рафинированная соль скопилась на дне стакана, потому что она не может полностью раствориться в воде.

Натуральная соль в воде растворяется полностью.

И, конечно же, не забывайте читать этикетки покупаемых товаров! Несмотря на то что норма потребления натрия отличается у разных людей, следует запомнить следующее правило: покупайте продукты, содержащие менее 140 мг натрия на порцию.

• Альтернатива соли • • • • • • • • • •

Чтобы пища при низкосолевой диете не казалась слишком пресной, используйте различные пряности, травы или приправы, а также сок лимона или лайма. Наиболее хорошие и полезные сочетания, проверенные временем, приведены в таблице.

**Рекомендуемые специи и приправы к продуктам
для замены ими поваренной соли**

Продукт	Специи и приправы
Рыба	Лимонный сок, карри, лавровый лист, сухая горчица, зеленый перец, паприка, свежие грибы, базилик, укроп, чеснок, имбирь, майоран, орегано, петрушка, шалфей, чабрец, чабер
Птица	Паприка, петрушка, розмарин, тимьян, шалфей, клюква, свежие грибы, перец гвоздичный, базилик, лавровый лист, корица, укроп, чеснок, имбирь, мускатный орех, лук, шафран, шалфей, чабер, чабрец
Говядина	Перец, тимьян, лук, лавровый лист, сухая горчица, зеленый перец, шалфей, майоран, свежие грибы, грецкие орехи
Телятина	Лавровый лист, карри, имбирь, майоран, абрикосы
Свинина	Чеснок, лук, шалфей, яблоки, яблочное пюре
Баранина	Чеснок, карри, мята, розмарин, ананас
Яйца	Базилик, кервель, кориандр, приправа кэрри, укроп, фенхель, майоран, орегано, паприка, укроп, розмарин, шалфей, чабер, чабрец, полынь-эстрагон
Картофель	Тмин, укроп, майоран, орегано, паприка, петрушка, розмарин, полынь-эстрагон, чабрец
Супы	Базилик, лавровый лист, укроп, чеснок, майоран, лук, петрушка, розмарин, шалфей, чабер, чабрец

Вначале, возможно, вкусовые рецепторы языка и ротовой полости могут недооценить «подмену» или даже запротестовать, но в дальнейшем они обязательно привыкнут к новым пищевым ощущениям и станут, в свою очередь, уже негативно относиться к когда-то любимой соленой пище.

В приложении 4 приведено содержание натрия в некоторых промышленных и натуральных продуктах. Ознакомьтесь с этой таблицей и попытайтесь найти в ней те продукты, которые вы достаточно часто употребляете. Все ли они столь полезны, как вам казалось раньше?

И еще раз о клетчатке

В этой книге я уже коснулась вопроса о важности пищевой клетчатки в нашем рационе, однако решила еще раз вернуться к этой проблеме. Обусловлено это тем, что данному компоненту пищи хотя и уделяется достойное внимание со стороны не только диетологов, но врачей других специальностей, у большинства еще нет правильного отношения к клетчатке. Люди, которые пытаются самостоятельно составить пищевой рацион, в частности для снижения или стабилизации своей массы тела, не всегда правильно используют для этой цели продукты, богатые пищевой клетчаткой. Поэтому давайте еще раз обратимся к этому важнейшему компоненту пищи и разберем ее не только положительные, но и негативные — для некоторых людей — свойства.

Клетчатка, или пищевые волокна, представляет собой самую грубую часть растений. Это сплетение растительных волокон, из которых состоят листья и кожура овощей, фруктов, бобовых, а также семян. Клетчатки много и в корнеплодах, стеблях и клубнях. Диетическая клетчатка —

сложная форма углеводов, которую наша пищеварительная система расщепить не может — для этого не хватает специальных ферментов. Так зачем же она нужна? Об этом же подумали и некоторые производители продуктов питания еще в XIX веке, когда стали создавать рафинированные растительные продукты без балластных веществ. Примерами этой модернизации могут служить белая мука, сахар, макароны, очищенный рис. И только почти через столетие ученые пришли к неутешительному выводу, что потребление продуктов с тщательно удаленной «ненужной» клетчаткой внесло свой вклад в рост заболеваемости сердечно-сосудистыми болезнями, раком толстого кишечника, диабетом, геморроем.

Клетчатка защищает от заболеваний, которые формируются медленно, в течение всей жизни, поэтому и употреблять пищу, богатую волокнами, необходимо постоянно, а приучать свою пищеварительную систему к ним следует уже с раннего детства. Результаты многочисленных исследований показали, что мы были бы гораздо здоровее и жили бы дольше, если бы употребляли побольше грубой пищи.

Существуют разные виды клетчатки, которые могут встречаться в одних и тех же продуктах. Пищевые волокна являются полимерами моносахаридов и их производными. Они подразделяются на **грубые** и **мягкие**.

Из **грубых пищевых волокон** наиболее распространена **целлюлоза**, которая, как и крахмал, является полимером глюкозы, однако имеет сложное строение молекулярной цепочки, которую не могут расщеплять ферменты пищеварительной системы человека. Целлюлоза присутствует в непросеянной пшеничной муке, отрубях, капусте, молодом горохе, зеленых и восковидных бобах, брокколи, брюссельской капусте, а также в огуречной кожуре, перцах, яблоках, моркови.

Помимо целлюлозы, выделяют еще и **гемицеллюлозу**, которая имеет несколько другое строение. Содержится она в отрубях, злаковых, неочищенном зерне, свекле, брюссельской капусте, зеленых побегах горчицы.

А еще выделяют ЛИГНИН, который встречается в злаковых, отрубях, лежалых овощах, баклажанах, зеленых бобах, клубнике, а также в горохе, редисе. Необходимо помнить, что лигнин уменьшает усвоение других пищевых волокон. Грубые или нерастворимые пищевые волокна впитывают воду, облегчая деятельность

толстой кишки. Они придают объем каловым массам и быстрее продвигают их по толстому кишечнику. Установлено, что **пища с низким содержанием клетчатки продвигается по желудочно-кишечному тракту в виде плотных комков до 80 часов, в то время как пищевая масса с клетчаткой проходит этот путь гораздо быстрее — всего за 24–30 часов.** Это не только предотвращает возникновение запоров, но и защищает от развития дивертикулов, геморроя и рака толстой кишки. Кроме того, эти пищевые волокна поглощают токсины и другие вредные вещества из пищи, предотвращая процессы гниения в пищеварительном тракте. Вместе с тем эти волокна связывают и различные полезные вещества и минералы, поэтому их лучше не принимать одновременно с витаминами и лекарственными препаратами.

К мягким, или растворимым, пищевым волокнам относят пектины, камеди, декстрины, агарозу. Камеди, например, содержатся в овсяной каше и других продуктах из овса, в сушеных бобах. Пектины присутствуют в яблоках, цитрусовых, моркови, цветной и кочанной капусте, сушеном горохе, зеленых бобах, карто-

феле, фруктовых напитках. Эти пищевые волокна влияют на процессы всасывания в желудке и тонком кишечнике. Они связываются с желчными кислотами, уменьшают всасывание жира и снижают уровень холестерина. Интересно, что растворимые пищевые волокна не ускоряют продвижение пищевого комка по желудочно-кишечному тракту, а наоборот, задерживают опорожнение желудка и, обволакивая стенки кишечника, замедляют всасывание сахара после приема пищи, что очень полезно для больных диабетом, так как снижается необходимая доза инсулина. Кроме того, **растворимая клетчатка снижает уровень холестерина в крови и не препятствует усвоению из пищи минералов,** поэтому ее можно употреблять вместе с любыми продуктами.

Почему важно употреблять в пищу именно неочищенные продукты? Дело в том, что клетчатка содержится как раз во внешних покровах зерен, семян, бобов, фруктов и овощей. Ее там значительно больше, чем во внутренних слоях. Лишь в цельных неочищенных продуктах имеется баланс волокнистой массы и питательных веществ. А еще необходимо помнить, что богатая клетчаткой пища содержит витамины, минералы и много влаги. Она способна удерживать в 4—6 раз больше воды, чем ее собственный объем. При этом в желудке образуется мягкая, похожая на губку пищевая масса, благодаря которой лучше осуществляется процесс пищеварения. Клетчатка поставляет в пищеварительный канал полезные бактерии, которые участвуют в процессе пищеварения и сводят к минимуму количество вредных болезнетворных бактерий в кишечнике.

Сколько клетчатки в день нужно человеку? Однозначно ответить на этот вопрос не представляется возможным. Дело в этом, что наши предки, питавшиеся в основном кашами, ежедневно получали при этом от 25 до 60 г клетчатки. Мы же получаем клетчатку в основном с фруктами и овощами, в которых ее несколько меньше. Своим пациентам, которые находятся на программе снижения избыточной массы тела, я рекомендую, чтобы в их суточном пищевом рационе было около 30—35 г пищевой клетчатки. Эта цифра может варьироваться в зависимости от переносимости. Главное, чтобы не возникал дискомфорт в кишечнике в виде вздутия жи-

вота и повышенного отхождения газов. В связи с этим следует увеличивать потребление клетчатки постепенно, пока не будет достигнута рекомендуемая доза.

Каким продуктам, содержащим клетчатку, следует отдавать предпочтение? Чемпионами по содержанию клетчатки являются различные жмыхи, то есть то, что остается после отжима растительного масла, а также отруби — отходы, возникающие в процессе изготовления рафинированных сортов муки. Они содержат грубые пищевые волокна в высоких концентрациях. Употреблять их в чистом виде нужно осторожно и в очень небольших количествах. Лучше же использовать их в качестве натуральной биологически активной добавки в процессе приготовления различных блюд.

Ешьте преимущественно натуральные продукты, в том виде, в котором они созданы природой, и тогда она сама позаботится о состоянии вашего здоровья

Несколько меньше пищевых волокон содержится в цельных зернах злаковых культур и бобовых, а также в цельнозерновых продуктах. Они более привычны для нашего организма, и потреблять их в пищу можно без каких-либо ограничений, при условии хорошей переносимости. Однако люди с высоким уровнем мочевой кислоты в крови или страдающие подагрой должны быть несколько осторожны — бобовые у них могут вызвать обострение заболевания.

Еще меньше клетчатки в орехах и сухофруктах. Но не забывайте об их высокой калорийности.

Свежие овощи, фрукты, а также зелень содержат в своем составе клетчатку в виде пектинов.

Вспомните об исконно русском продукте — черном хлебе из неочищенной муки. О его пользе говорит тот факт, что до 1917 года во всей Российской империи во время постов население употребляло именно черный хлеб, а продукты из рафинированной белой муки были под строгим запретом.

Как увеличить содержание клетчатки в рационе

А теперь **несколько практических советов, которые помогут увеличить содержание клетчатки в пищевом рационе, а также разнообразят его:**

1. При любой возможности употребляйте овощи и фрукты в сыром виде. При продолжительной варке овощи теряют половину содержащейся в них клетчатки. Из термической обработки предпочтение следует отдавать обработке паром или легкой обжарке.

2. Старайтесь есть овощи и фрукты с кожурой.

3. При очистке овощей и фруктов клетчатка не разрушается, но в соках, если при их приготовлении удаляется мякоть, клетчатки остается очень мало.

4. При отсутствии противопоказаний регулярно ешьте бобовые.

5. Готовьте каши только из неочищенных круп.

6. На десерт предпочтение отдавайте свежим фруктам, а не сластям.

7. Ешьте овощи и фрукты в перерывах между основными приемами пищи в качестве перекусов или во время основной трапезы.

8. Начинайте день с чашки каши, которая содержит клетчатки от 5 г и более.

9. Добавляйте в кашу мелко нарезанные свежие фрукты, что позволит увеличить количество клетчатки на 1–2 г.

10. Сухофрукты — хороший источник пищевых волокон, поэтому их следует использовать для приготовления различных блюд или использовать в качестве десерта.

11. Орехи и семечки ешьте часто, но в небольших дозах, чтобы не увеличивать калорийность пищевого рациона.

12. Чаще употребляйте хлеб с отрубями. Чем грубее помол муки, из которой сделан хлеб, тем больше он содержит клетчатки. В 1 ломтике хлеба грубого помола клетчатки столько, сколько в 8 ломтиках белого хлеба.

13. Ржаной хлеб содержит не только много клетчатки, но и достаточное количество других питательных веществ.

В заключение ознакомьтесь с таблицей со с. 295 в приложении и, учитывая калорийность, выберите себе богатые клетчаткой продукты, которые вы хотели бы включить в свой пищевой рацион.

Как быстро выбрать и приготовить продукты для снижения избыточной массы тела

В этой книге я привожу много таблиц, содержащих массу полезной информации для самостоятельного составления рационов питания, которые позволят вам не только снизить массу тела, но и стабилизировать ее. Здесь же я привожу списки продуктов, имеющих различную калорийность, чтобы вы могли быстро сориентироваться в их энергетической ценности и сопоставить со своими пищевыми пристрастиями. Это позволит вам выявить некоторые ошибки, которые не позволяли вам раньше успешно бороться с лишними килограммами.

ВЫСОКОКАЛОРИЙНЫЕ продукты

Очень большая калорийность
(450–900 ккал на 100 г)

Масло подсолнечное, топленое, сливочное, шпик, свинина жирная, колбасы сырокопченые, орехи, шоколад, пирожные с кремом.

Большая калорийность
(200–449 ккал на 100 г)

Говядина 1-й категории, свинина мясная, баранина 1-й категории, колбасы варено-копченые, колбасы полукопченые, колбасы вареные (кроме говяжьей), сардельки, сосиски, мясные хлебцы, гуси, утки, сыры твердые, рассольные, плавленые, сметана, творог жирный, сырки творожные, рыба (мойва, пеламида, сайра, севрюга, сельдь тихоокеанская, угорь), икра (зернистая, паюсная, кеты, горбуши, белуги, осетра), хлеб, макароны, сахар, мед, варенье.

СРЕДНЕКАЛОРИЙНЫЕ продукты

Умеренная калорийность
(100–199 ккал на 100 г)

Баранина 2-й категории, говядина 2-й категории, конина, мясо лося, кролика, оленя, ягнятина, цыплята-бройлеры, индейки 2-й категории, куры 2-й категории, яйца куриные, перепелиные, рыба (зубан, жерех, макрель, макрорус, сельдь атлантическая нежирная, скумбрия, ставрида, осетрина), творог полужирный, йогурт 6% жирности.

НИЗКОКАЛОРИЙНЫЕ продукты

Малая калорийность
(30–99 ккал на 100 г)

Молоко, кефир, творог нежирный, простокваша, йогурт 1,5% и 3,2% жирности, кумыс, рыба (треска, хек, судак, щука, карп, камбала), ягоды (кроме клюквы), фрукты, брюква, зеленый горошек, капуста (брюссельская, кольраби, цветная), картофель, морковь, фасоль, редька, свекла.

Очень малая калорийность
(менее 30 ккал на 100 г)

Кабачки, капуста, огурцы, редис, репа, салат, томаты, пе́рец сладкий, тыква, клюква, грибы свежие.

Снижение калорийности продуктов •

Продукты питания с большим содержанием воды обладают меньшей калорийностью.

На калорийность продуктов питания влияет и содержание в них клетчатки (пищевых волокон): чем ее больше, тем меньше калорийность.

Калорийность любого блюда и суточного рациона в целом можно рассчитать с точностью до калории по справочникам, в которых указана энергетическая ценность отдельных пищевых продуктов. Но, чтобы определить, сколько калорий содержится в готовом блюде, придется с точностью до грамма взвесить не менее десятка компонентов, учесть потери питательных веществ во время хранения продуктов, процент отходов, влияние тепловой обработки на них и многое другое.

Чтобы избежать этих сложностей, следует учитывать количество потерянных калорий в зависимости от состава продуктов и способа приготовления готовых блюд.

Снижение калорийности продуктов (%)
в результате их приготовления

Супы	2–4%
Молочные продукты	3–6%
Рыба	7–26%
Мясо	
говядина	2–26%
свинина	6–39%
баранина	5–28%
Субпродукты	7–26%
Крольчатина	8–27%
Птица	
курица	7–41%
цыпленок	6–37%
индейка	8–24%

• Снижение калорийности рациона •

«Маленькие хитрости», которые помогут вам правильно использовать продукты для вашего пищевого рациона:

• Макароны, каши, картофель и другие продукты, содержащие много сложных углеводов (крахмала), мало влияют на увеличение массы тела, особенно если не класть в них сливочное или растительное масло и сочетать в блюде только с овощами или овощными соусами.

• Чтобы углеводы усваивались медленно и не полностью, следует меньше разваривать крупы и макаронные изделия. Если не разваривать их до полной мягкости, то содержащиеся в них углеводы будут усваиваться медленнее, что способствует столь же медленному высвобождению энергии и длительно поддерживает чувство сытости.

• Картофель лучше всего отваривать вместе с кожурой, а не жарить с использованием жира.

• Макароны из твердых сортов пшеницы меньше развариваются и содержат более медленные углеводы, чем изготовленные из более дешевых мягких сортов.

• Овощные блюда без жира, хотя и содержат простые углеводы (глюкозу, фруктозу, сахарозу), мало способствуют накоплению массы тела, так как в них много воды, клетчатки и мало калорий.

• Фрукты в большом количестве и фруктовые соки (даже без добавления сахара) могут влиять на накопление массы тела, так как в них много простых углеводов.

Таким образом, несмотря на бесспорные данные о том, что прибавку массы тела обеспечивает в первую очередь избыток в пище жиров, для успешной борьбы с лишним весом необходимо снижение общей калорийности рациона.

10 шагов к здоровому питанию

1. Помните, что пища является не только поставщиком энергии, но и обладает лечебными свойствами. В связи с этим питаться нужно осознанно.

2. Помните: есть надо тогда, когда чувство голода еще не подступило. Только в этом случае вы сможете есть не торопясь, наслаждаясь вкусом пищи. Именно при таком режиме мозг четко перерабатывает информацию о степени насыщения.

3. Завтрак — самый важный прием пищи, который должен обеспечить около 30% калорийности вашего дневного рациона. Лишенный завтрака организм испытывает стресс и начинает использовать энергию, полученную во время обеда и ужина, для создания жировых запасов. Не пропускайте завтрак!

4. Старайтесь есть 4—6 раз в день и в определенное время. Не пропускайте ни одного приема пищи. Последний прием пищи должен быть не позднее 19 часов — вечером дайте возможность своему организму отдохнуть.

5. Навсегда откажитесь от следующих привычек:
— есть от нечего делать, чтобы убить время;
— есть во время просмотра телепередач, фильмов и т. п.;
— есть все, что лежит на тарелке;
— подъедать остатки с тарелок домашних;
— готовить к трапезе много блюд и пробовать каждое;
— заедать каждую трапезу десертом или хлебом.

6. Пейте как можно больше простой негазированной воды. Никогда не допускайте чувства жажды. Для нормального функционирования организма на каждые 450 г массы тела должно приходиться не менее 14 г воды. Обязательно каждое утро начинайте со стакана воды.

7. Постепенно исключайте из рациона белый сахар и отбеленные крупы (включая муку). В природе эти продукты не являются белыми! Заменяйте их теми сортами, которые как можно менее обработаны: белый сахар — медом или кленовым сиропом, вместо столовой соли используйте морскую соль и измельченные морские водоросли.

8. Если вы жарите пищу, то используйте воду вместо растительного масла. При жарке образуются свободные радикалы, вызывающие преждевременное старение организма. Добавляйте растительное масло в конце тушения или к готовому продукту. Всегда используйте масла холодного отжима.

9. Заправляйте салаты не майонезом, а смесью из оливкового масла, лимона и свежей зелени трав.

10. Включайте в свой пищевой рацион пряности и пряные овощи, обладающие свойством сжигать жир: петрушку, укроп, мяту, чеснок, лавровый лист, чабрец и шалфей, корицу, гвоздику. Таким свойством обладают также и сок лимона, грейпфрута, сельдерея.

КЛЮЧ К СНИЖЕНИЮ ВЕСА
Как ускорить обмен веществ

Очень часто люди, которые сидят на диетах, испытывают разочарование. Им кажется, что они попусту ограничивают себя в еде и изводят на тренировках. Малейшие поблажки быстро сводят на нет все усилия, приводя к набору еще большего количества килограммов.

Можно ли вырваться из этого замкнутого круга?

Да! Надо просто ускорить свой обмен веществ, начав рационально питаться, не садясь при этом на диету. Действительно, нередко проблема избыточной массы тела обусловлена замедленным обменом веществ. Но порой, допуская ошибки и не прислушиваясь к своему организму, мы сами становимся виновниками существенного снижения своего метаболизма, при этом вновь набираем дополнительные килограммы и, в очередной раз, разочаровываемся.

• Как ускорить обмен веществ • • • •

Влияет ли режим питания на метаболизм?

Да — существенно! Жесткие ограничения в еде и длинные «голодные» отрезки времени приведут лишь к уменьшению мышечной массы, а следовательно, к снижению скорости обмена веществ и не позволят достичь желаемого результата. Чтобы огонь метаболизма не погас, хвороста в этот огонь надо подбрасывать почаще. Поэтому никакого голода!

Питание должно быть дробным, что гарантирует ускорение обменных процессов в организме и позволяет длительно поддерживать стабильный уровень глюкозы в крови, а следовательно, и энергии, которая будет расходоваться на «сгорание» излишка калорий из жировых «депо». Поэтому я рекомендую 5—6-разовый режим питания, состоящий из трех основных приемов пищи и 2—3 перекусов между ними. При этом количество принимаемой пищи не должно превышать 1 стакана на прием. Постепенно объем желудка уменьшается, и для насыщения требуется совсем немного еды.

Установлено, что относительно медленный обмен веществ у людей, которые едят бессистемно и основной прием пищи у которых приходится на поздний ужин. Это очень существенная и распространенная ошибка! **Не пропускайте завтрак!** Именно утренний прием пищи и запускает «метаболические часы». Поэтому, составляя свой суточный пищевой рацион, необходимо иметь в виду, что на завтрак, второй завтрак и обед должно приходиться до 70% калорийности всего дневного рациона. Если же большую часть пищи вы будете съедать во второй половине дня, когда активность метаболических процессов снижается, то поступающие в избыточном количестве именно в вечернее время калории непременно отложатся на талии.

Какие продукты необходимо употреблять, чтобы обмен веществ был наиболее эффективным?

Прежде всего — это продукты, содержащие углеводы.

Углеводы — ключ к быстрому обмену веществ, поскольку снабжают тело энергией, питая, прежде всего, мышечную ткань и нервную систему. Они содержатся в зерновых, фруктах, овощах, молочных продуктах и бобах. Чтобы поток вашей энергии не иссякал в течение всего дня, каждый прием пищи должен включать в себя хотя бы небольшое количество углеводов.

Но не забывайте, что не все из них способны ускорить обменные процессы в организме. Более половины ежедневного потребления калорий должны составлять «полезные» углеводы — прежде всего, продукты из цельного зерна и нерафинированные растительные продукты, такие как овощи, фрукты и бобовые. Рафинированные же продукты — такие как белый хлеб, макароны, печенье, конфеты и пирожные — содержат допустимые, но абсолютно «пустые» углеводы.

Какую роль играют белки и жиры в скорости обмена веществ?

Самую непосредственную! У белков множество функций, в том числе — «строительство» мышечной ткани, которая помогает сжигать калории. **Чем больше мышечная масса, тем быстрее обмен веществ.** Белки необходимы для быстрого обмена веществ еще и потому, что **при использовании белкового питания скорость обмена веществ увеличивается на 25—30%** за счет пищевого термогенеза. К тому же белки замедляют переработку углеводов, и энергия, заключенная в них, расходуется еще дольше. Поэтому белки необходимо всегда сочетать с «полезными» углеводами.

Роль жиров в обмене веществ тоже важна — они замедляют усвоение углеводов и обеспечивают непрерывность выделения энергии, благодаря чему дольше сохраняется активность и сжигается больше калорий. Вот почему очень важно смешивать жиры с полезными углеводами, чтобы ваш организм работал как часы. К тому же жир препятствует перееданию. Напомню, предпочтение в питании необходимо отдавать «полезным» жирам, содержащим в составе омега-3-жирные кислоты, которые регулируют уровень лептина в организме. По мнению многих ученых, именно этот гормон отвечает не только за скорость обмена веществ и сжигание жира, но и за его накопление. Однако слишком большое потребление жира может быть опасным. Вспомните, какими сонными вы себя чувствуете, переев жирного мяса или мороженого.

Как ускорить обмен веществ • • • •

Ускоряют обмен веществ и некоторые пряности, в частности, острый перец, способный на несколько часов повысить скорость метаболизма на 50% за счет увеличения частоты сердечных сокращений и дополнительного расхода

Для ускорения метаболизма ешьте нежирные сорта мяса, птицу, рыбу, яйца, бобовые и молочные продукты с овощами и зеленью

энергии. Тем, у кого недостаточно эффективно работает щитовидная железа, помогут продукты, богатые йодом, а именно: морские водоросли, морепродукты, а также продукты, обогащенные йодом дополнительно.

В своих программах я огромную роль отвожу значительному потреблению воды. Не соков, кваса или чая, а именно простой воды. Ведь она невероятно важна для ускорения обмена веществ, а появляющееся чувство жажды свидетельствует о снижении обменных процессов почти на 30%. 2–2,5 литра воды в сутки — непременное условие для скорого метаболизма и снижения массы тела.

Что еще позволит ускорить метаболизм?

Безусловно, *физические нагрузки.* Любая физическая нагрузка ускоряет обмен веществ, причем не только в период ее выполнения, но и некоторое время после завершения. И мы помним, что люди с хорошо развитой мускулатурой имеют более активный обмен веществ, так как мышечные клетки потребляют значительно больше калорий: метаболизм 1 кг мышечной ткани составляет в сутки от 70 до 90 ккал, в то время как жировой ткани всего только 4 ккал. Не правда ли, существенная разница!

Как уже отмечалось, с возрастом объем мышечной ткани в организме существенно уменьшается — так, каждые 10 лет мужчины теряют около 2 кг мышц, а женщины — около 1,5 кг.

• • • • Как ускорить обмен веществ •

У 70-летнего человека на 30% меньше мышечной ткани, чем у 30-летнего.

Пожилому человеку в сутки требуется на 400 ккал меньше, чем молодому.

И если своевременно не провести коррекцию своего питания, то с возрастом масса тела может незаметно увеличиться на 1—2 кг в месяц, а за год — на 10—20 кг. И где былая красота и стройность?! Чтобы активность обмена веществ не снижалась, а оставалась постоянно на достаточно высоком уровне, необходимо поддерживать хороший тонус мышц и стремиться как можно дольше сохранять мышечную массу. А для этого надо постоянно быть физически активным.

Чтобы ускорить свой обмен веществ, выполняйте физические упражнения по 20—30 минут 3—4 раза в неделю, для укрепления мышц делайте упражнения с отягощениями — гантели, тренажеры и др. Заниматься можно дома или в фитнес-клубе, одному или в компании с единомышленниками.

И не забывайте больше ходить, постепенно увеличивая скорость и удлиняя маршрут.

Как ускорить обмен веществ • • • •

Ускоряют обмен и некоторые физиотерапевтические и бальнеологические процедуры. Очень многие любят русскую баню и сауну. И не напрасно! Повышенная температура благотворно влияет на обменные процессы и очищает организм от шлаков.

Ускорить метаболизм также поможет полноценный сон, во время которого запускаются все обменные процессы и вырабатывается соматотропный гормон, поддерживающий общий жизненный тонус и ответственный за процесс снижения веса.

Сон должен длиться не менее 7 часов.

Итак, скорость, с которой организм сжигает калории, сильно разнится в зависимости от пола, возраста, массы тела, физической подготовки, длительности и интенсивности работы, количества и режима потребляемой пищи, а также гормональных, генетических и других факторов.

Вы сами можете многое сделать для увеличения скорости своего метаболизма!

Безусловно, кое-что изменить мы не в силах — например, рост, возраст, генетический и гормональный статус,— но все остальное в наших руках!

Для записи

УВЕЛИЧИМ ПРОИЗВОДСТВО ЭНЕРГИИ
С ПОМОЩЬЮ
ВИТАМИНОВ
и МИНЕРАЛЬНЫХ
элементов

Конечно, наиболее оптимально при снижении избыточной массы тела ограничить себя в высококалорийной пище и дополнительно увеличить физические нагрузки, но в реальной жизни это удается далеко не всем и не всегда. Причин для этого может быть множество — у каждого своя. Поэтому не будем обсуждать здесь этот вопрос. Главное уяснить, что залог успешного похудения — увеличение производства энергии, которая позволит расщепить лишний жир и вывести его из организма.

Жир теряется только при достаточном количестве энергии в организме, следовательно, эту энергию следует дополнительно получить. Но, как известно, единственным источником энергии явля-

ется пища. В связи с этим необходимо выбирать продукты, в которых содержатся компоненты, обладающие липолитическими свойствами. Прежде всего, это относится к витаминам.

Недостаток в организме любого из витаминов группы В приводит **к значительному снижению выработки энергии**, а это сопровождается замедлением окисления жирных кислот. Для производства энергии необходимы ферменты, которые образуются при участии белка.

Установлено, что жир сгорает вдвое быстрее, если в пище содержится достаточное количество белка; соответственно, при его недостатке этот процесс резко замедляется. То же относится и к витамину Е. Однако, необходимо помнить, что белок сам по себе не может использоваться без холина, витамина B_6 и ряда других веществ.

Огромная роль в сжигании жира принадлежит лецитину. В связи с этим, любые нарушения, приводящие к дефициту этого вещества в организме, заканчиваются резким снижением утилизации жиров и повышением уровня холестерина и других липидов в крови. Для производства лецитина необходимо наличие целого ряда веществ, а именно: линолевой или арахидоновой кислоты, витамина B_6, холина, инозитола и магния. Кроме того, недостаток линолевой кислоты может сказаться на функции надпочечников, что приводит к падению глюкозы в крови и снижению окисления жиров. Низкий уровень глюкозы в крови вызывает самый настоящий стресс для всего организма, что сопровождается выделением с мочой большого количества калия и задержкой натрия. При употреблении продуктов, богатых калием, для возмещения потерь его с мочой, неприятные симптомы гипогликемии исчезают практически сразу. Таким образом, при крайне низкокалорийной диете потеря веса быстро заканчивается, в связи с этим в долгосрочном плане такие диеты не только не эффективны, но и вредны для организма.

Органические или функциональные нарушения печени часто сопровождаются ожирением. Обусловлено это тем, что поражение печени препятствует синтезу в достаточных количествах ферментов, необходимых для производства энергии. Пока нормальная работа печени не будет восстановлена, процесс похудения будет крайне затруднен.

Если снабжение организма белком, витаминами группы В, в том числе пантотеновой кислотой, недостаточно, печень не в состоянии производить необходимое количество ферментов, требующихся для инактивации инсулина. Это приводит к тому, что инсулин накапливается в крови, а ткани к нему становятся нечувствительными. При таком состоянии часто развивается гипергликемия и активно откладывается жир в подкожно-жировой клетчатке. Человек с постоянно повышенным уровнем сахара в крови обычно достаточно быстро полнеет, но при этом сохраняет значительный аппетит, поэтому сбросить лишний вес ему очень трудно. Однако с помощью полноценной пищи эти проблемы можно устранить.

Поэтому сейчас рассмотрим те вещества, находящиеся в пищевых продуктах, которые помогут нам в процессе снижения массы тела.

Витамины

Витамины не просто очень важны — они необходимы для тех, кто хочет быть здоровым и красивым. Витамины используются не только для лечения, но и для профилактики развития различных патологических клинических состояний. Находят свое применение они и при снижении избыточной массы тела. Это обусловлено тем, что витамины:

- регулируют обмен белков, жиров и углеводов;
- предупреждают и лечат сопутствующие ожирению различные заболевания и функциональные нарушения;
- дополняют ограниченные рационы питания, которые используются при снижении массы тела.

Избавляемся от лишнего жира
с помощью витаминов и минералов

Помимо этого, витамины участвуют в формировании иммунитета, защищают от воздействия токсических веществ, стрессовых ситуаций и различных неблагоприятных факторов внешней среды.

В организме человека не может синтезироваться ни один витамин, за исключением некоторого количества витамина D в коже и никотинамида (витамина РР) из триптофана. Многочисленными исследованиями установлено, что подавляющее большинство населения планеты испытывают нехватку тех или иных витаминов, а в большинстве случаев нескольких сразу. Чаще это наблюдается на субклиническом уровне и в обычных жизненных условиях не проявляется. Те или другие признаки недостатка витаминов могут отмечаться при значительных физических нагрузках, стрессовых ситуациях или во время снижении избыточной массы тела.

Даже при сбалансированном питании нужно ДОПОЛНИТЕЛЬНО принимать витамины в виде поливитаминных комплексов или в составе БАДов

Как я уже говорила, витамины должны поступать в организм вместе с продуктами питания. Но зачастую этих витаминов оказывается — по разным причинам — недостаточно.

Проведенные исследования показали, что средний по калорийности и оптимально сбалансированный суточный пищевой рацион все же оказывается дефицитным по большинству витаминов. Этот дефицит может достигать 20–30%. А при низкокалорийных диетах — и 50–90%, что приводит к серьезным проблемам со здоровьем.

В связи с использованием поливитаминных комплексов или биологически активных добавок возникает множество вопросов, касающихся их эффективности и безопасности. И вообще непонятно: какой должен быть эффект от приема поливитаминных комплексов?

• Витамины • • • • • • • • • • • • • •

Действительно, на современном фармацевтическом рынке встречается достаточно большое количество малоэффективных препаратов, в том числе и поливитаминов. К сожалению, определить, эффективный препарат или нет, можно только попробовав его. Фармацевтическим фирмам невыгодно детально описывать эффекты выпускаемых ими поливитаминных средств.

Распространено мнение, что эффект витаминов проявляется как-то скрытно и неотчетливо. На самом деле это неверно! От приема эффективных поливитаминных комплексов отмечается отчетливый и быстрый физиологический эффект — повышается работоспособность, улучшается настроение, человек начинает меньше болеть. Если этого не происходит, значит, вы использовали плохой препарат или провели курс лечения в недостаточном объеме.

Необходимо твердо уяснить для себя, что из пищи, даже здоровой и сбалансированной, но приобретенной в обычном магазине просто невозможно получить рекомендованные суточные дозы не только витаминов, но и минеральных веществ. Это, прежде всего, обусловлено невозможностью сохранять витамины в продуктах при длительном их хранении или переработке. Качественные многокомпонентные поливитаминные или, что еще лучше, витамино-минеральные комплексы являются важнейшей частью обеспечения организма витаминами, особенно при использовании программ снижения избыточной массы тела.

При покупке в аптеке необходимых препаратов не следует обманывать себя ярлыками «натуральности». Практически все компоненты комплексов получают путем синтеза из органических или неорганических источников. Другого пути их получения просто нет! Витамины представляют собой достаточно простые молекулы, которые легко и с высокой точностью можно воспроизвести. По своим биохимическим и физиологическим свойствам они ни чем не отличаются от натуральных, содержащихся в продуктах питания. Главным же преимуществом поливитаминов является точная дозировка необходимых компонентов (при условии, что они полностью усваиваются).

Какие витамины следует применять при снижении избыточной массы тела?

Витамины группы В

Витамин В$_1$ (тиамин)
Средняя суточная потребность 1,2—2 мг *

Действие тиамина в организме многогранно. Он выполняет главную роль в расщеплении углеводов, участвует в обмене аминокислот и образовании ненасыщенных жирных кислот, а также при переходе углеводов в жиры. При недостатке в организме витамина В$_1$ страдает деятельность нервной, сердечно-сосудистой и эндокринной систем. При физических нагрузках, стрессовых ситуациях, а также если в питании на фоне снижения избыточной массы тела превалируют углеводы, потребность в данном витамине резко возрастает. В пожилом возрасте тоже увеличивается потребность в витамине В$_1$. Дефицит этого витамина может быть усугублен недостатком магния, который необходим для перевода тиамина в активную форму.

Суточная потребность в тиамине — около 0,6—0,7 мг на 1000 ккал рациона питания, что соответствует 1,2—2 мг. При низкокалорийных диетах содержание витамина в пищевом рационе должно возрасти до 3—5 мг, но достичь этого можно только при дополнительном приеме витаминных препаратов. Витамин В$_1$ присутствует во многих продуктах питания **, однако он разрушается при термической обработке. В связи с этим им часто дополнительно обогащают хлеб, молоко и другие продукты.

---

* Здесь и далее средняя суточная доза витаминов и минералов указана для взрослого здорового человека.

** Содержание витаминов в продуктах питания см. в Приложении 3.

Следует иметь в виду, что **прием больших доз тиамина может привести к физиологическому дисбалансу в работе витаминов всей группы В, поэтому его следует принимать в комплексе с другими витаминами этой группы**.

Витамин В₂ (рибофлавин)
Средняя суточная потребность 1,3–1,6 мг

Витамин В₂ играет заметно меньшую роль для снижения избыточной массы тела, хотя и он очень важен для обмена белков, жиров и углеводов. Употребление этого витамина более показано для нормализации обмена веществ при дефиците массы тела. Кроме того, рибофлавин способствует правильному функционированию щитовидной железы.

Важнейшим пищевым источником рибофлавина являются молоко и молочные продукты, мясо, рыба, гречневая и овсяная крупы, хлеб.

В овощах и фруктах данный витамин содержится в незначительных количествах.

Витамин В₅ (пантотеновая кислота)
Средняя суточная потребность 10–12 мг

Данный витамин в виде коэнзима А находится во всех живых клетках. Без него не может осуществляться как синтез, так и распад жиров, образование аминокислот, холестерина, а также гормонов надпочечников и половых гормонов. Пантотеновая кислота активизирует реакцию превращения жиров в энергию.

Наиболее высокое содержание этого витамина отмечено в печени и сердце животных, бобовых, грибах, цветной капусте, кунжутных семечках, в семечках подсолнечника.

Витамин B$_3$ (никотиновая кислота, ниацин, или витамин РР)
Средняя суточная потребность 20 мг

Ниацин участвует в большинстве реакций, связанных с расщеплением углеводов, жиров и белков с целью извлечения из них энергии. Кроме того, он снижает уровень холестерина, необходим для синтеза половых гормонов и гормонов щитовидной железы. Рекомендованная суточная доза данного витамина в нашей стране составляет 20 мг. Многие продукты питания специально обогащаются ниацином.

Витамин B$_6$ (пиридоксин)
Средняя суточная потребность 1,9 мг

Принимает участие во всех реакциях, связанных с превращением аминокислот, поступающих с белком, в биологически активные вещества мозга (серотонин, норадреналин, дофамин и др.). Играет заметную роль в превращении аминокислот в глюкозу, участвует в гормональном обмене, синтезе полиненасыщенных жирных кислот. Он также необходим для образования коэнзима Q_{10} и каротина. По своей универсальности может сравниться только с витамином С.

Суточная потребность в витамине B$_6$ для взрослых составляет около 1,9 мг и заметно возрастает при повышенном употреблении белков и пище.

Витамин B$_{12}$ (кобаламин)
Средняя суточная потребность 2,0–3,0 мкг

Стимулирует рост и благоприятно влияет на жировой обмен в печени, участвует в обмене аминокислот и синтезе холина, а также препятствует развитию анемии. При длительном вегетарианском питании в организме возникает его дефицит, что требует дополнительного введения в составе поливитаминных комплексов. Кроме того, это актуально и для тех, кто увлекается диетами, не содержащими животных продуктов.

Главными источниками витамина B$_{12}$ могут служить продукты животного происхождения, такие как печень, почки, мясо, некоторые виды рыб, яичный желток, сыр, морепродукты.

В растительных продуктах его практически нет, за исключением морской капусты и хлореллы.

Витамин B$_9$ (фолиевая кислота, фолацин)
Средняя суточная потребность 200 мкг

Фолиевая кислота необходима для нормальной деятельности кроветворной и пищеварительной систем. Она участвует в удалении избытка жира из печени. Кроме того, этот витамин обладает еще множеством других полезных свойств, но широкую известность получил в связи с проблемой гомоцистеина — вещества, которое способствует развитию сердечно-сосудистых заболеваний. Установлено, что снижение уровня гомоцистеина в крови существенно уменьшает риск ишемической болезни сердца. А фолиевая кислота наиболее активно воздействует на гомоцистеин, понижая его уровень в крови.

Рекомендуемая суточная потребность в фолиевой кислоте для взрослых составляет 200 мкг.

Удивительно, что синтетическая фолиевая кислота по своей биологической активности в 2 раза превосходит натуральное вещество. Она доступна в витаминно-минеральных комплексах и в виде отдельного препарата.

В регулярном приеме фолиевой кислоты особенно нуждаются лица старше 55 лет, а также страдающие диабетом и сердечно-сосудистыми заболеваниями.

Витамин B₄ (холин)

Средняя суточная потребность 400–600 мг

Холин также относится к витаминам группы В. Он участвует в обмене жиров, предупреждает накопление жира в печени, а также принимает участие в синтезе карнитина, необходимого для работы мышц, сердца и утилизации жиров. Холин является составным элементом защитных оболочек всех нервных и мозговых клеток, способствует беспрепятственному проникновению в жировые клетки гормонов, которые сжигают в них жировые отложения. При дефиците холина создаются условия для повышения уровня холестерина в крови и увеличения избыточной массы тела.

Содержится этот витамин во многих пищевых продуктах. Особенно много его в бобовых, капусте, мозгах, облепихе, печени, почках, растительных маслах, а также сыре, твороге, яйцах, семенах злаков и свекле.

Заканчивая обзор витаминов группы В, следует еще раз подчеркнуть, что они чаще всего встречаются в продуктах питания вместе. То же характерно и для поливитаминных комплексов, в которых они хорошо дополняют друг друга. Витамины этой группы принимают месячными курсами в весенние и осенние сезоны, при психо-эмоциональных стрессах, регулярных физических нагрузках, а также в ситуациях, когда требуется повышенное образование энергии, в том числе и при снижении избыточной массы тела.

Витамин Н (биотин)
Средняя суточная потребность 150–300 мкг

Биотин входит в состав ферментов, осуществляющих биосинтез жирных кислот, а также участвует в обмене углеводов и аминокислот.

Содержится во многих пищевых продуктах, но значительное его количество находится в печени, дрожжах, бобовых, цветной капусте и орехах.

Относится к немногим витаминам, которые могут синтезироваться микроорганизмами кишечника.

Витамин С
Средняя суточная потребность 70 мг

В организме большинства животных витамин С синтезируется из глюкозы, поэтому у них не бывает болезней сердца и сосудов. К сожалению, человеком утрачен ген, ответственный за синтез витамина С. В связи с этим необходимо постоянно пополнять запасы витамина С, так как он играет огромную роль в обменных процессах. L-аскорбиновая кислота, или витамин С, снижает уровень холестерина, участвует в процессе превращения глюкозы и жира в энергию. Без него невозможно образование коллагена и гиалуроновой кислоты. Он необходим для выведения из организма холестерина путем синтеза из него желчных кислот. И, наверное, главное — витамин С является мощнейшим антиоксидантом, то есть защищает нас от недоокисленных продуктов обмена и свободных радикалов, сохраняя молодость и здоровье.

В нашей стране рекомендуется потреблять 70 мг витамина С в сутки, а в США рекомендуемая доза составляет 60–90 мг. Необходимо знать и помнить, что каждый день с пищей должно поступать не менее 50 мг витамина С, так как именно естественный витамин играет роль

● ● ●
Избавляемся от лишнего жира ●
с помощью витаминов и минералов

определенного катализатора для усвоения дополнительно поступающего витамина в виде таблеток. Но при правильно выбранных продуктах можно легко обеспечить поступление 200—300 мг в день вместе с едой.

В настоящее время полная безвредность больших доз витамина С сомнения не вызывает, и нередко его назначают до 1—2 граммов в сутки, а иногда и более. В связи с тем, что он быстро выводится с мочой, суточную дозу следует разделить на 3 приема. При курсовом приеме как увеличивать, так и снижать дозу препарата следует постепенно. И еще — если вы планируете принимать значительные дозы витамина С, имейте в виду, что это может сопровождаться нарушением сна, поэтому заранее распределите прием так, чтобы на ночь приходилась меньшая доза.

У людей с повышенной кислотностью прием аскорбиновой кислоты может вызвать изжогу и другие расстройства желудочно-кишечного тракта.

При приеме железа по поводу анемии, витамин С может существенно увеличить его всасывание в кишечнике.

Витамин Е (токоферол)
Средняя суточная потребность 0,3 мг/кг массы

На самом деле, то, что мы называет токоферолом — целое семейство близких по строению веществ. В человеческом организме он представлен в основном альфа-токоферолом. Главное его значение состоит в том, что это мощнейший антиоксидант, то есть, находясь внутри клеточных мембран, альфа-токоферол предохраняет их от окисления, говоря проще — от прогорания. А это прекрасная профилактика старения организма и защита сердца и сосудов.

В большинстве случаев содержание витамина Е указывается в виде токоферола-эквивалента, для чего используется коэффициент 0,8.

В нашей стране рекомендуемая суточная доза токоферола-эквивалента составляет 10 мг. Таким образом: **10 мг токоферол-эквивалент = = 10 × 0,8 = 8 мг альфа-токоферол**.

• Витамин Е • • • • • • • • • • • • • • • • • •

Существует натуральная и синтетическая формы витамина Е. Натуральная форма обозначается как d-альфа-токоферол, а синтетическая — dl-альфа-токоферол. Активность натуральной формы приблизительно в 1,5 раза выше, чем у полученной синтетическим путем. Активность витамина Е обычно выражается в международных единицах (МЕ), но необходимо помнить, что количество биодоступного витамина всегда выше, если в состав препарата входит натуральный витамин при одинаковых значениях в МЕ.

Для определения биодоступного альфа-токоферола в натуральных препаратах используется коэффициент 0,67, а в синтетических — 0,45.

В основном витамин Е присутствует в продуктах питания, богатых жирами, так как является жирорастворимым. В связи с этим непросто достичь требуемой суточной дозы, не превысив 30% ограничения по жирам и общей калорийности пищевого рациона, особенно в период снижения избыточной массы тела. В этом случае необходимо пищевой рацион дополнять БАДами или препаратами, содержащими витамин Е.

Отчетливый антиоксидантный эффект альфа-токоферола начинает проявляться при минимальной дозе 100 МЕ, а оптимальной дозой следует считать 300—400 МЕ, что значительно превышает рекомендуемую дозу. Принимать же витамин Е следует очень длительно — практически постоянно. В связи с этим без использования дополнительно препаратов, содержащих альфа-токоферол просто не обойтись.

Отдельно принимать витамин Е не следует, так как, вступая в реакции с активными формами кислорода, он сам может повредиться и стать свободным радикалом. Поэтому, альфа-токоферол следует принимать в комплексе с витамином С, который его восстанавливает, а еще лучше в комбинации с каротином и биофлавоноидами.

Необходимо упомянуть и еще о двух витаминах, которые не принимают непосредственного активного участия в обменных процессах, но крайне важны и непременно должны быть в составе пищи во время снижения избыточной массы тела. Это жирорастворимые витамины А и D.

● ● ●
Избавляемся от лишнего жира ●
с помощью витаминов и минералов

Витамин А (ретинол)
Средняя суточная потребность 1,5–2,5 мг

Важность витамина А обусловлена тем многогранным действием, которое он оказывает на организм. Прежде всего, это его влияние на рост, развитие и обновление тканей, поддержание иммунитета, предохранение от поражения слизистых и кожных покровов, а также на зрение человека. При недостатке витамина А кожа становится сухой и беззащитной перед гнойничковыми процессами. Страдают также дыхательные пути (насморк, атрофические процессы в гортани и трахее, бронхиты), желудочно-кишечный тракт (нарушение пищеварения) и мочевыделительная система (инфекция мочевых путей), а также в целом нарушается иммунная защита, что приводит к частым и затяжным простудным заболеваниям. И все это может возникнуть при необдуманном и чрезмерном ограничении в пище жиров.

Суточная потребность в витамине А для здорового человека составляет от 1,5 до 2,5 мг. Он устойчив к тепловой обработке, а витамин Е предохраняет его от разрушения.

Пищевыми источниками витамина А являются продукты животного происхождения и, прежде всего, печень куриная, говяжья и свиная, желток яиц, сливочное масло, твердые сыры, а также икра рыб.

Витамин А может присутствовать в пище и в виде провитамина, носящего название β-каротин. Однако в таком виде он существенно хуже всасывается в желудочно-кишечном тракте. Содержится же β-каротин, в основном, в продуктах растительного происхождения — таких как морковь, петрушка, сельдерей, шиповник, сладкий перец, салат, абрикосы, томаты и некоторых других.

Витамин D
Средняя суточная потребность 2,5 мкг

Витамин D необходим для нормального функционирования сверты-вающей системы крови, сердечно-сосудистой и нервной систем, но главным образом он важен для регуляции кальциевого обмена. При недостатке этого витамина нарушается минерализация костей, что особенно ярко проявляется у женщин в период менопаузы. Для них и так характерно частое развитие остеопороза в этот период, а при ги-повитаминозе данный процесс протекает значительно тяжелее.

Потребность в витамине D для взрослых составляет около 2,5 мкг в сутки, а при диетическом питании возрастает до 5–15 мкг.

Пищевыми источниками являются жир из печени рыб и мор-ских животных, лосось, скумбрия, тунец, икра рыб, яйца, а также молочные продукты.

В целом при проведении программ, направленных на снижение из-быточной массы тела, необходимо иметь в виду следующие факты:

- На белковый обмен влияют витамины A, E, K, B_5, B_6, B_{12}.
- На углеводный обмен влияют витамины B_1, B_2, B_5, C, PP, A.
- На липидный обмен влияют витамины B_5, B_6, B_{12}, PP, холин, липо-евая кислота.
- Углеводное питание увеличивает потребность в витаминах B_1, B_6, C.
- При избытке в пище белка возрастает потребность в витаминах B_2, B_6, B_{12}.
- Недостаток белка корректируют витамины B_2, C, A.

Минеральные элементы

Наряду с витаминами для организма человека огромное значение имеют и различные минеральные вещества. При стрессовых ситуациях и повышенных нагрузках роль их еще больше увеличивается, а следовательно, возрастает и потребность в них. Процесс снижения избыточной массы тела, как правило, сопровождается обоими этими состояниями, а значит, при похудении необходим контроль поступления минералов в организм.

Многие минеральные элементы входят в состав ферментов и гормонов, участвуют во всех обменных процессах, обеспечивают нормальное функционирование всех органов и систем. Они играют ключевую роль в регуляции водно-солевого обмена и кислотно-щелочного равновесия, то есть создают внутреннюю среду организма, сдвигая ее в кислую или щелочную сторону.

Как уже упоминалось, все минеральные элементы разделяют на макро- и микроэлементы. К первым относят калий, натрий, кальций, магний, серу и хлор. Ко вторым (их в организме значительно меньше) — железо, медь, цинк, марганец, селен, йод, фтор и некоторые другие.

При высоком содержании в пище кальция, калия и натрия происходит сдвиг кислотно- щелочного равновесия внутренней среды организма в щелочную сторону, а при преобладании в пищевом рационе мяса, рыбы, яиц, хлеба, круп, содержащих фосфор, серу и хлор — в кислую.

Каждый из минеральных элементов имеет определенное значение. Кратко остановимся на их свойствах, особо важных для процесса регуляции обмена веществ и коррекции массы тела.

Макроэлементы

Натрий
Средняя суточная потребность 4—6 г

Принимает участие в поддержании артериального давления и водно-солевого баланса в организме, а также, что очень важно, придает вкус пище. Мы получаем натрий преимущественно в виде поваренной соли *. При чрезмерном поступлении натрия в организм отмечается задержка избыточной жидкости, что приводит к увеличению массы тела. Чтобы избежать этого, необходимо ограничить поступление натрия в организм. В натуральных пищевых продуктах его содержится незначительное, хотя и вполне достаточное для организма, количество.

Обычная суточная потребность в поваренной соли составляет около 10—12 г в сутки и увеличивается при обильном потоотделении, что необходимо учитывать в жаркое время года.

В процессе снижения избыточной массы тела необходимо — особенно в первое время — существенное ограничение натрия, поэтому используйте продукты с минимальным его содержанием, а пищу вообще старайтесь не подсаливать. Продукты, содержащие большое количество поваренной соли в своем составе, придется исключить из своего рациона — это консервы, копчености, колбасы, сыры и некоторые другие.

Для улучшения вкусовых качеств пищи соль, содержащую натрий, необходимо заменить на соль, содержащую калий или магний, а также использовать другие продукты и пряности.

Суточная потребность в натрии составляет 4—6 г.

---

* Содержание натрия в различных пищевых продуктах см. в Приложении 4.

Хлор
Средняя суточная потребность 4–6 г

В поддержании водного обмена хлору следует отвести не меньшую роль, чем натрию. Именно при его участии образуется соляная кислота в желудке, без которой невозможен нормальный процесс пищеварения. Большинство пищевых продуктов бедны хлором, поэтому потребность в хлоридах удовлетворяется в основном за счет поваренной соли, которая добавляется в пищу.

Суточная потребность организма в хлоре составляет 4–6 г в сутки.

Калий
Средняя суточная потребность 2–3 г

Так же, как и натрий, важное значение для нашего организма имеет калий. В ряде физиологических процессов он выполняет противоположную натрию функцию, то есть выступает его антагонистом. В частности, калий увеличивает выделение натрия из организма. Это можно использовать при снижении избыточной массы тела для дополнительного выделения жидкости из тканей. Во многих диетах используется большое количество овощей и фруктов, как раз и содержащих много калия. Если же применяются диеты, содержащие в своем составе повышенное содержание белка и, следовательно, мало калия, такие пищевые рационы следует разнообразить продуктами с повышенным содержанием калия или добавлять его в виде лекарственных средств (панангин) и БАДов.

Суточная потребность взрослого человека в калии 2–3 г.

Кальций
Средняя суточная потребность 0,8–1 г

Кальция в организме содержится очень много — до 2% массы тела. Из него в основном построена костная ткань. Кроме того, кальций принимает участие в поддержании кислотно-щелочного равновесия, сокращении мышц, свертывании крови и многих других процессах. Больше всего кальция содержится в молоке и молочных продуктах. Суточная потребность в кальции — 0,8–1 г, а у детей, беременных и кормящих женщин увеличивается до 1,5–2 г.

Фосфор
Средняя суточная потребность 1,6–2 г

Фосфор также необходим для построения всех клеток, но особенно костной системы и нервных тканей. Значительна его роль и в обмене белков, жиров и углеводов, в также в образовании целого ряда ферментов и гормонов.

Основными источниками фосфора для организма являются молочные продукты, особенно сыры, а также рыба, мясо, яйца и бобовые.

Особенно много фосфора требуется растущему организму и беременным женщинам. Так, суточная норма фосфора для взрослого человека составляет 1,6–2 г, в то время как для детей она увеличивается до 2–2,5 г, а для беременных и кормящих женщин достигает 3–3,8 г.

Магний

Средняя суточная потребность 0,250–0,350 г

Принимает активное участие в углеводном обмене, функционировании желудочно-кишечного тракта, окислении жирных кислот. При голодании и стрессах в крови может развиваться дефицит его содержания.

Больше всего магния содержится в орехах, гречневой крупе, какао, а вот молоко и молочные продукты, овощи, фрукты, а также яйца им бедны.

Микроэлементы

Не меньшую роль в физиологических процессах играют и микроэлементы, хотя они и требуются в минимальных количествах.

Йод

Средняя суточная потребность 100–150 мг

Необходим для образования гормонов и нормального функционирования щитовидной железы. Гормоны щитовидной железы регулируют обмен веществ, процессы теплообмена, распад холестерина. При недостаточном поступлении йода в организм развивается гипотиреоз, на фоне которого не только увеличивается масса тела, но и нарушаются функции половых желез.

Особенно богаты йодом морепродукты, а в мясе его немного.

Минеральные элементы

Железо
Средняя суточная потребность 20 мг

Наиболее активное участие принимает в образовании гемоглобина и некоторых ферментов, а также в поддержании иммунитета.

Богаты железом продукты животного происхождения, как и некоторые ягоды, фрукты и зеленые листовые овощи.

Медь
Средняя суточная потребность 2 мг

Входит в состав окислительных ферментов, необходимых в обмене белков, жиров и углеводов. Установлена роль меди в регуляции иммунных процессов, функционировании печени, щитовидной железы и других эндокринных органов, повышении активности инсулина.

Максимальное содержание меди в горохе, печени, мясе, хлебобулочных изделиях, рыбе, а также овощах и некоторых плодах.

Цинк
Средняя суточная потребность 12–16 мг

Присутствует во всех тканях человека, однако максимальное его количество обнаружено в клетках поджелудочной железы, вырабатывающих инсулин. Не последняя роль данному микроэлементу отводится в липидном и белковом обмене, а также в синтезе ряда гормонов и витаминов. Иммунитет и поддержание функции половых желез и гипофиза — это как раз точки приложения действия цинка.

Максимальное его количество присутствует в мясе гусей, фасоли, горохе, кукурузе, говядине, свинине, курице, рыбе, говяжьей печени, а также в морепродуктах, молоке, яблоках, груше, сливе, вишне, картофеле, капусте и свекле.

Избавляемся от лишнего жира с помощью витаминов и минералов

В настоящее время установлено, что важно не только абсолютное количество минеральных веществ, но и их оптимальное соотношение. Вместе с тем обычный набор пищевых продуктов, включающий достаточное количество овощей, фруктов, зерновых и молока, вполне удовлетворяет потребностям организма во всех необходимых ему минеральных веществах и большинстве витаминов.

Но помните, что при снижении избыточной массы тела, как правило, есть необходимость в дополнительном поступлении как минеральных веществ, так и некоторых витаминов. Для этого принимайте витамино-минеральные комплексы, которые можно купить в любой аптеке. Кроме того, данные препараты целесообразно использовать курсами до двух раз в год: в осенний и весенний периоды, когда наблюдается снижение естественного иммунитета.

12 шагов
для ускорения обмена веществ:

1. Никогда не пропускайте завтрак, который запускает «часы метаболизма».

2. Питайтесь дробно, постоянно давая работу организму и поддерживая уровень сахарной кривой.

3. Питайтесь по «метаболическим часам». Утром можно позволить себе сложные и простые углеводы, а также жиры, которые до 10^{00} будут сожжены полностью, а съеденные вечером, останутся на талии. Днем лучше усваивается белок. На ужин предпочтите сложные углеводы, поддерживающие чувство сытости в течение всего вечера.

4. Выбирайте рацион, богатый полезными углеводами, равномерно поддерживающими вас энергией в течение дня. Сократите сахар в рационе, увеличьте потребление клетчатки.

5. Ешьте полезные белки, усваивая которые организм затрачивает много энергии. Сочетайте продукты, содержащие белки, только с полезными углеводами, в том числе с овощными гарнирами и зеленью, переработку которых они замедляют, и энергия расходуется при этом дольше.

6. Старайтесь потреблять меньше вредных жиров. Жиры всегда сочетайте с полезными углеводами.

7. Добавляйте специи в пищу. Жгучие специи ускоряют обмен веществ и сжигание калорий.

8. Пейте как можно больше жидкости.

9. Не экономьте на сне.

10. Не сидите на месте, старайтесь вести активный образ жизни. Давайте мышцам тела постоянные нагрузки, наращивайте мышечную массу. Количество и состояние мышечной массы влияет на ваш метаболизм.

11. Принимайте витаминно-минеральные комплексы. Витамины группы В, в том числе фолиевая кислота, действительно ускоряют обмен веществ в клетках. Хром регулирует обмен жиров и углеводов, а также поступление сахара в кровь. Ускоряют обменные процессы кальций и железо.

12. Обратитесь к эндокринологу. Нормализация работы щитовидной железы окажет существенное влияние на скорость вашего метаболизма.

Рецепты СЫТОЙ стройности

Мы с вами уже понимаем, что с помощью кратковременных несбалансированных по пищевым ингредиентам диет невозможно получить положительный и стойкий результат. Да и само слово «диета» вызывает ассоциации с временной мерой. Отказ от привычек с последующим возвращением к ним приводит лишь к кратковременным переменам и не меняет основную модель поведения, которая и вызвала необходимость прибегнуть к диете. Особенно не стоит доверять диетам, которые «гарантируют» мгновенный результат,— они вообще противоречат научному подходу к обмену веществ в организме.

Такие диеты не просто вводят в заблуждение, а являются потенциально опасными!

• • РЕЦЕПТЫ СЫТОЙ СТРОЙНОСТИ •

Единственный путь для желающих снизить и в дальнейшем стабилизировать свой вес — формирование правильного пищевого поведения и создание программы питания, оптимально подходящей именно для вас.

Так с чего же начать?

Прежде всего необходимо определиться с мотивацией — есть ли она вообще или вас посетило лишь кратковременное желание, ничем более не подкрепленное. Попытайтесь ответить себе лишь на один вопрос, но предельно честно:

«— А зачем мне всё это на самом деле нужно?»

Если вам необходимо только съездить к морю или поразить своими нарядами окружающих на каком-либо светском мероприятии, то не надо морочить голову ни себе, ни другим. Смело берите в руки глянцевый журнал, найдите понравившуюся вам по тем или другим причинам диету и строго придерживайтесь ее в течение намеченного срока. Результат гарантирован — через 2–3 недели минус 3–5 килограммов, выполнение намеченной задачи и... возвращение к старой жизни со всеми ее кулинарными «прелестями».

Если же вы действительно решили изменить свою жизнь и скорректировать массу тела на долгие годы, то единственно правильным ответом на поставленный перед собой вопрос может быть только такой:

«— Для сохранения собственного здоровья!»

Ведь красота и здоровье — понятия неразделимые. Внешнюю красоту, данную природой, можно быстро потерять, и избыточный вес — один из главных предрасполагающих факторов для этого.

Несмотря на то что большинство усилий при снижении веса направлены на приобретение более привлекательной фигуры, очень важно осознавать, что конечной целью является сохранение здоровья и предотвращение вреда, который могут нанести излишки жира в организме. Только долгосрочные программы, направленные на укрепление здоровья, позволяют избавиться от этих излишков, являющихся серьезным фактором риска для развития многих хронических заболеваний.

Не секрет, что снижение массы тела — это всегда стресс для организма. И только правильно подобранный режим расставания с лишними килограммами, а также выбор наиболее подходящих продуктов — главные составляющие для достижения желаемых результатов.

Чтобы получить все необходимые питательные вещества, ешьте разнообразные продукты, подвергшиеся минимальной кулинарной обработке.

Выбирайте продукты разумно: откажитесь от привычных высококалорийных, перенасыщенных сахаром, солью и жирами или используйте их в своем рационе как можно реже.

Состояние Вашего Здоровья

Прежде чем приступать к выполнению поставленных задач, вспомните о наличии у вас каких-либо хронических заболеваний. И если ваша поликлиническая карта напоминает медицинский справочник, некоторые из предлагаемых здесь рекомендаций и ограничений могут быть просто неприемлемы для вас! Придется искать обходные пути. И здесь без помощи специалиста обойтись будет крайне трудно. С изменением привычного рациона в организме начинают происходить серьезные изменения обмена веществ, поэтому очень важно убедиться в безопасности этого начинания. Пройдите необходимое медицинское обследование. Получите одобрение у врача, который поможет спланировать новый для вас режим питания и остановиться на той программе, которая будет максимально соответствовать вашему образу жизни и состоянию здоровья. Помните, что для достижения результата вы должны в корне изменить свои пищевые привычки и следовать этой программе на протяжении всей дальнейшей жизни. Если вы будете прибегать к диетам от случая к случаю и каждый раз срываться, все с таким трудом сброшенные килограммы неизбежно вернутся. А это отрицательно скажется на вашем здоровье. И, что не менее важно, рано или поздно вам станет казаться, что вы никогда не сможете расстаться с ненавистными килограммами. Вы потеряете уверенность в себе и веру в успех. А психологический настрой играет непоследнюю роль при похудении.

Ваш Возраст

Останавливая свой выбор на какой-либо программе снижения массы тела, соотнесите ее со своими возрастными особенностями.

< 40 лет

Юной леди проще избавиться от лишних килограммов — обмен веществ более активный, да и хронических заболеваний пока не накопилось. В этом случае можно прибегать к более жестким вариантам программ снижения веса, а наряду с выбранным питанием не менее полезными будут и физические нагрузки.

> 40 лет

Если же вам за 40, скорее всего, придется кардинально пересмотреть свой пищевой рацион, темп снижения веса должен быть умеренным. Желательны различные физиотерапевтические и косметологические процедуры, с помощью которых можно значительно улучшить контуры фигуры и обеспечить своевременный лифтинг кожи.

Когда выбор режима питания сделан и рацион тщательно продуман, необходимо определиться с «группой поддержки». Ведь вы живете не в лесу, а в цивилизованном обществе. Однако это общество не всегда доброжелательно и с пониманием относится к кандидатам на приобретение красивых форм. Поэтому не советую посвящать все свое окружение в выстраиваемые планы и возможные перспективы. Главное — это поддержка семьи или других близких для вас людей. Более того, сделайте их своими союзниками и единомышленниками. Мой опыт подсказывает, что наилучшие результаты достигаются при поддержке именно близких людей, что бывает важно особенно для мужчин. Не секрет, что некоторые изменения образа жизни даются нам с большим трудом, поэтому поддержка семьи, близких людей, коллег может оказаться бесценной. Очень часто наедине с собой люди возвращаются к старым привычкам. Однако нежелание разочаровать близких или заработать неодобрение тех, кто старается помочь вам, только увеличат вероятность успеха. Но если ваше окружение одобряет или разделяет тот образ жизни, от которого вы пытаетесь отказаться, оно будет работать против вас. Вероятность срывов куда выше у людей, чьи друзья, супруги, близкие родственники имеют лишний вес и ничего не хотят в своей жизни менять. Поэтому целесообразно одновременно организовать сбалансированное питание для всех членов семьи: и у вас не будет лишних соблазнов, и близким вам людям это пойдет только на пользу. Если же ваша «группа поддержки» не подкрепляет вашу решимость, лучше пройти весь путь в одиночку.

Процесс снижения избыточного веса — «плановое хозяйство», формировать свой пищевой рацион необходимо заранее, а не есть спонтанно и все без разбору. Для этого следует завести дневник питания *, куда вы будете заносить список блюд и отдельных продуктов, которые планируете съесть на протяжении дня. Это помогает придерживаться заданных объемов пищи на прием и регламенти-

* Практическое руководство поможет контролировать процесс снижения веса более эффективно. Помимо списка блюд, которые вы будете есть на протяжении дня, здесь можно фиксировать количество выпитой воды и физическую активность (М. Королева. Дневник питания. М.: АСТ; СПб.: Астрель-СПб, 2011).

рует режим питания. Благодаря планированию заранее можно подобрать такой набор блюд, который обеспечит вам сытость, и удалить провоцирующие факторы — даже в сложной обстановке вы сможете принять правильное решение и не поддаваться соблазнам. Именно такое планирование предполагает выработку новых привычек питания, которые должны вытеснить старые, в этой предсказуемости вашего рациона заключается секрет успеха — получение и удержание результата. Еще лучше, если такой план питания будет составлен не на один день, а на несколько или даже на неделю вперед. Это позволит осознанно, без лишних эмоций, делать и предварительную закупку продуктов.

Только постарайтесь строго придерживаться правила: если что-то не вписано в вашу систему, вы не должны это употреблять или можете съесть только альтернативный продукт. Тем самым вы будете избавлены от постоянной и изнурительной борьбы с самим собой.

Некоторые люди ведут подсчет калорий — по их мнению, это самый простой способ узнать, сколько они съедают. Другие предпочитают взвешивать порции. Однако, как показывает практика, для большинства из нас эти стратегии не подходят, поскольку отнимают слишком много времени и сил.

Я рекомендую развивать в себе способность интуитивно определять количество пищи, необходимое на прием, и целесообразные сочетания продуктов в одной порции. Когда же вы привыкнете к новому режиму питания и окончательно расстанетесь с привычкой есть хаотично, научитесь есть часто и наедаться небольшими порциями — только тогда пробуйте разнообразить свой рацион.

• Ведите дневник питания! • • • • • • •

По мнению психологов, потребуется около **13 недель**, чтобы пунктуальное и дисциплинированное выполнение определенной программы привело к формированию новых привычек.

Овладев искусством контролировать свое питание, вы почувствуете, что механизмы переедания начинают терять над вами свою власть, и время от времени вы сможете позволить себе любимые лакомства. Однако тороплюсь напомнить, что заданного режима питания придется придерживаться всю жизнь, и только это является гарантией удержания полученных результатов.

Советую также настроить свой мобильный телефон на режим sms-напоминаний о каждом приеме пищи.

Дневник питания

7 НЕДЕЛЯ	**1** ДЕНЬ

Дата   Вес

Цель на сегодняшний день

Прием пищи

Время	Пища	Добавки

Для удержания веса необходимо выстраивать схему питания, которая представляет собой чередование двух режимов — разгрузочного и базового. И так на протяжении всей жизни!

Выпитая вода

Физическая активность

Вид активности	Длительность

РЕЦЕПТЫ СЫТОЙ СТРОЙНОСТИ •

Найдите наиболее подходящее время для начала выполнения программы снижения веса. Не секрет, что пища прекрасный антидепрессант. Ведь неслучайно очень многие люди свои стрессы заедают любимыми продуктами, которые несут в себе лишние калории. Но еда как средство снятия стресса вредна для здоровья. Отсюда незаметный набор избыточного веса. В связи с этим следует сделать два вывода: 1) нельзя начинать заниматься снижением веса, находясь в стрессовой ситуации, и 2) необходимо найти для себя другой, более подходящий, антидепрессант. Действительно, человек в состоянии душевного дискомфорта не может сконцентрировать свое внимание на правильном питании — ему часто бывает просто не до этого. Поэтому, если вам нездоровится или у вас много нерешенных проблем в семье, личной жизни или на работе — дождитесь наиболее подходящего момента, так как процесс нормализации веса возможен только при хорошем самочувствии и в условиях душевного покоя.

Стремитесь быть позитивными. Пребывание в благодушном настроении поможет легче решать любые задачи, в том числе и связанные с избыточным весом. А в качестве антидепрессанта попробуйте использовать не излюбленные лакомства, а физические нагрузки. Именно физическая активность может оказаться решающим фактором для устойчивого снижения веса, поскольку заменяет удовольствие, которое мы получаем от вкусной еды. Множество научных данных говорит о том, что физическая нагрузка задействует те же участки головного мозга, что и другие удовольствия, направленные на повышение настроения, то есть вызывает аналогичные нейрохимические реакции. Поэтому те, кто регулярно занимаются физическими упражнениями, попадают в зависимость от их положительного эффекта.

• Если вы перестали худеть • • • • •

К тому же физическая нагрузка может повысить вашу самооценку. При этом вы начинаете отождествлять себя со здоровым, атлетического телосложения человеком, который способен принимать самые ответственные решения, а это дает стимул для поддержания контроля над собой и в отношении питания. Таким образом, регулярные тренировки средней интенсивности не только позволяют обрести внутренний комфорт, но и способствуют сжиганию лишних калорий.

Огромное значение в процессе снижения веса играет нормализация сна. Даже если внутренний дискомфорт и неурядицы напрямую не связаны с недосыпанием, улучшение сна все равно пойдет вам только на пользу.

С изменением привычного рациона в вашем организме начнут происходить некоторые метаболические изменения. При использовании низкокалорийных программ это случается уже через 2—3 недели. Снижение количества поступающих калорий дает организму сигнал о необходимости экономить энергию и замедлить обменные процессы. И однажды наступает момент, когда вы перестаете терять лишние килограммы, хотя старательно продолжаете выполнять программу снижения веса. Не отчаивайтесь, это нормально. Лучшим способом выхода из такой «мертвой зоны» является либо дополнительное ограничение поступающих калорий извне (возможно использование неголодных разгрузочных дней*), либо увеличение расхода энергии через повышение физической активности.

* Варианты разгрузочных дней, а также календарь наиболее благоприятного времени их проведения в зависимости от фазы Луны даны в книге М. Королевой «Легкий путь к стройности» (М.: АСТ; СПб.: Астрель-СПб, 2009).

171

РЕЦЕПТЫ СЫТОЙ СТРОЙНОСТИ •

Поэтому я еще и еще раз рекомендую начать заниматься посильными физическими упражнениями и делать это не от случая к случаю, а регулярно.

Многие имеют ошибочное мнение, что активный образ жизни возможен только при наличии дома тренажера или членстве в фитнесклубе и регулярных занятиях в нем. Однако физические нагрузки можно сделать частью повседневной жизни: ежедневные прогулки, танцы или даже ходьба на месте во время просмотра телепрограмм. Главное, чтобы вам нравилось выполнять эти действия ежедневно. Тогда они не превратятся в обузу, обязанность или наказание.

Ленивым быть скучно!

Как начать заниматься спортом

Пять преград для занятий спортом и методы борьбы с ними

Проблема	Решение
1. У вас слишком большой вес	Начните с легких упражнений на стуле. Затем займитесь йогой и несложной растяжкой на полу. Начните просто больше ходить
2. Вы не любите спорт	Найдите альтернативу спортивному залу: посильные работы в саду, прогулки с друзьями или родными, танцы — выберите то, что вам больше нравится
3. Это слишком утомительно	Не перегружайте себя и занимайтесь по 10—15 минут 2—3 раза в день
4. Вы слишком заняты	Сделайте физическую нагрузку частью своего распорядка дня. Совместите это с привычными делами: ходите по лестнице в офисе, делайте упражнения во время просмотра телевизора и т. д.
5. У вас нет денег на абонемент в спортклуб или на покупку тренажера	Совсем не обязательно становиться членом престижного клуба. В качестве тренажера можно использовать собственный вес. А также бутыли с водой по 2—3 л

• Режим питания • • • • • • • • • • •

Что и когда есть

Мы уже уяснили влияние режима питания на наши обменные процессы. Жесткие ограничения в еде могут привести к уменьшению мышечной массы, а следовательно — к снижению скорости метаболизма. Принцип моей программы снижения веса, а главное — удержания полученных результатов состоит в том, чтобы есть каждые 2–3 часа, чередуя основные необильные трапезы с питательными перекусами. То есть вместо отказа от пищи ради похудения или традиционного трехразового питания с длинными голодными промежутками вы ежедневно будете есть 5–6 раз и, тем не менее, худеть.

При этом количество пищи не должно превышать одного стакана на прием[*].

Постепенно объем желудка уменьшится, и для насыщения потребуется совсем немного еды.

График приемов пищи и ее калорийность

6.30 – 7.30	первый завтрак	25%
9.00 – 9.30	второй завтрак или перекус[**]	10%
11.00 –11.30	второй перекус	10%
13.30 – 14.30	обед	25%
15.30 – 16.00	полдник	10%
18.00 – 19.00	ужин или последний основной прием пищи	20%

[*] Для женщин объем съедаемой за один прием пищи не должен превышать 250 мл, для мужчин — 300 мл.

[**] Количество перекусов зависит от времени пробуждения: при позднем подъеме количество утренних перекусов сокращается.

РЕЦЕПТЫ СЫТОЙ СТРОЙНОСТИ •

В чем же преимущества дробного питания?

Наблюдения показывают, что люди, питающиеся не менее 4-х раз в день, примерно на 50% реже страдают избыточным весом, чем те, кто принимает пищу 3 или даже 2 раза. И чем чаще люди едят в течение дня, тем меньше их габариты. Вы уже знаете, как объясняется этот феномен: при дробном питании и небольших объемах пищи ускоряются обменные процессы в организме. И действительно: 10% потребляемой энергии уходит на пережевывание, переваривание и усвоение пищевых ингредиентов — это по-настоящему сложный и трудоемкий для организма процесс. То есть скорость обмена веществ вырастает каждый раз, когда мы едим или перекусываем. Кроме того, доказано, что при частом питании и уменьшении объема жира максимально сохраняется мышечная масса как самая естественная «топка» для дальнейшего сжигания избыточных калорий, которая работает даже тогда, когда мы спим.

Дробный **прием пищи влияет и на уровень гормонов снижения веса.** Если вы едите часто и небольшими порциями, уровень кортизола в вашем организме не повышается. **Кортизол** — гормон стресса, который в условиях голода между редкими приемами пищи начинает вырабатываться в избытке, чтобы восполнить теряемую на поддержание жизнедеятельности энергию. Тем самым при участии кортизола формируются жировые отложения, прежде всего, в области живота. А это не только может пагубно сказаться на объеме вашей талии, но и наносит существенный урон вашему здоровью в целом.

Снижая уровень кортизола, дробное питание приводит и к уменьшению количества вырабатываемого **инсулина**, поскольку эти гормоны работают содружественно. Тем самым обеспечивается не только профилактика так называемой инсулинорезистентности, при наличии которой мы быстрее стареем, а главное — профилактика сахарного диабета 2-го типа со всеми свойственными этому заболеванию осложнениями.

И, наконец, питаясь понемногу и часто, организм регулярно вырабатывает гормон **лептин**, подавляющий аппетит, что препятствует перееданию.

• Преимущества дробного питания •

И еще, система частого и дробного питания существенно повысит вашу физическую активность. Регулярное питание устанавливает баланс сахара в крови, предотвращая его неожиданные «подъемы» и «падения», что часто является причиной дневной усталости. А вновь обретенная энергия придаст вам дополнительные силы для занятий фитнесом, танцами или просто активной ходьбы.

По данным американских ученых, те, кто ест часто и понемногу, съедают примерно на **28%** калорий меньше, чем те, кто обильно питается трижды в день

Важно, что при таком режиме питания жировые клетки становятся более щедрыми и благодарно отдают избытки запасенной энергии, что гарантирует успех в программах снижения веса.

Сначала жир уйдет с живота!
Дополнительные преимущества дробного питания

Итак, только при частом приеме пищи максимальный процент снижения веса придется на жир, а не на мышечную массу, активно участвующую в обмене веществ. Возможно, потеря жира пойдет быстрее и в первую очередь на животе, а не на других частях тела, что связано со снижением выработки инсулина. Программы питания, контролирующие инсулин, имеют тенденцию ускорять потерю жира прежде всего в брюшной полости.

Таким образом, очень важно однажды, раз и навсегда, выработать свою систему или индивидуальный стиль питания, максимально подстроив его под свой образ жизни, график работы и отдыха. Именно отработанный и закрепленный как новая привычка стиль питания позволяет жить нормальной жизнью, не отказываясь от посещения ресторанов, семейных праздников и ужинов с друзьями, жизнью, при которой не надо страдать от одышки, чувства тяжести в животе, артериальной гипертонии и других болезней сердца, связанных с избыточным весом, — жизнью активной, динамичной, наполненной смыслом.

• РЕЦЕПТЫ СЫТОЙ СТРОЙНОСТИ •

Среди моих пациентов есть люди, которые работают по десять—двенадцать часов в сутки. И мы вместе выстраиваем такие программы питания, которые позволяют им, даже если они находятся в цейтноте, порадовать организм чем-то полезным и вкусным. Порадовать вовремя, предупреждая голодный стресс, для сохранения или обретения хорошего здоровья и высокой работоспособности.

Наличие твердого желания изменить себя позволит вам найти возможности даже тогда, когда это кажется невыполнимым.

Итак, есть нужно 5–6 раз в день через каждые 2–2,5 часа. Причем после 15^{00} лучше исключить из рациона соль, а после 19^{00} постараться не есть совсем.

Смело разрушайте старые стереотипы. **Мы набираем лишние килограммы в основном за счет вечерней и ночной пищи.**

Что делать, если после 19^{00} вы все же испытываете сильное чувство голода?

Выпейте стакан некрепкого зеленого чая или чистой воды, рассосите чайную ложечку меда. Уровень сахарной кривой у вас вновь поднимется, уйдет ощущение голода, и, возможно, окажется, что именно жажда выдавала себя за чувство голода.

Если этот алгоритм действий вам не сильно помог или помог, но на непродолжительное время, побалуйте себя зернышками граната, половинкой грейпфрута, свежей морковью (небольшого размера морковь тщательно пережевывайте) или стаканчиком нежирного кефира — главное, чтобы вы не испытывали состояния голодного стресса.

Все начинается с утра
Завтрак

И еще раз вспомним про обмен веществ. Скорость его наиболее высока утром — с 6^{00} утра и до 12^{00} часов дня.

Она зависит от многих факторов, в том числе и от влияния внешней среды (солнечная активность, часовой пояс, в котором вы живете, и т. д.). Утром организм просыпается, и одновременно начинается активная выработка гормонов, которые поступают в кровоток и существенно повышают уровень обмена веществ. Следует заметить, что каждый человек имеет свой индивидуальный, присущий именно ему уровень обмена веществ, который определяется как наследственными факторами, так и возрастом, мышечной массой и состоянием эндокринной системы.

К 18^{00}–19^{00} часам скорость метаболизма существенно снижается до 25–40% его дневного уровня и будет сохраняться таковой до утра. «Ленивому» организму вечером будет значительно проще отложить питательные вещества про запас, чем работать над их усвоением.

Итак, утром вы просыпаетесь, и обменные процессы запускаются на полную катушку. Организм в этот момент очень нуждается в энергии. Лишенный завтрака, он испытывает стресс и потом, обманутый, обязательно будет использовать калории, полученные во время обеда и ужина, для создания резерва энергии в составе жировых клеток. Сами понимаете, что ваша привычная чашечка кофе не может дать достаточного количества энергетического материала. Она вас, конечно, взбодрит, но достаточно скоро эта бодрость сменится чувством усталости. А жировая ткань начнет-таки делать для себя сверхзапасы.

Что делать, если вы не можете есть по утрам?

Кто-то скажет: «По утрам есть совсем не могу!» Охотно верю. Утром не можете, днем некогда. Ну а вечером... Вечером съедаем все, что видим. В итоге — утром просыпаемся с больной головой, с полным еще желудком, глаза слипаются, в животе тяжесть... Какой же здесь может быть завтрак?

А попробуйте не есть вечером. Или перекусить, но совсем немного, что-то легкое, с чем организм справится быстро и без проблем. Вот увидите: если вы откажетесь от привычного позднего и высококалорийного ужина, наутро вам обязательно захочется есть! Именно завтрак позволит вам окончательно проснуться, повысит работоспособность, создаст запасы медленно высвобождаемой энергии, столь необходимой для начала рабочего дня, да и для поддержания высокой скорости обмена веществ.

Никогда не пропускайте завтрак!

Снова повторю: именно утренний прием пищи запускает «метаболические часы». (Вы же помните, что завтрак должен обеспечить около 25–30% калорийности вашего дневного рациона.)

Учтите, что завтракать следует не позднее чем в течение часа после пробуждения. Уровень резервного энергетического материала в виде гликогена в составе мышц и печени к утру существенно снижается. То есть баланс гликогена в организме уже нарушен после сна за счет использования энергии на основной обмен в ночное время, что определяет сколь сильно вы будете ощущать голод на протяжении всего дня. Если же вы восстановите баланс гликогена уже утром, организм решит, что не нуждается в большом количестве пищи днем, и в результате вы не будете страдать от чувства голода. Именно благодаря завтраку вам удастся избежать резких колебаний уровня глюкозы в крови и не переедать в течение дня, что позволит легче следовать намеченному плану.

Конечно, не стоит, едва проснувшись, сразу же бежать к холодильнику.

Итак, наступило утро! Выпейте стакан некипяченой воды комнатной температуры. После чего, еще в положении лежа, сделайте дыхательную гимнастику, благодаря которой запускается перистальтика кишечника, осуществляется полноценный лимфодренаж, улуч-

• Утренняя дыхательная гимнастика •

шается венозный отток, усиливается кровообращение в целом и обеспечивается хороший доступ кислорода в ткани организма, в том числе в головной мозг. Словом, дыхательная гимнастика позволяет нам окончательно проснуться и подготавливает организм к началу дня.

Дыхательная гимнастика

Цель гимнастики:
— усиление перистальтики кишечника;
— включение в работу естественного лимфодренажа;
— усиление венозного оттока;
— усиление кровообращения;
— обеспечение кислородом организма при пробуждении.

1-й шаг:
5–6 движений максимальной амплитуды передней брюшной стенкой с фазами «вдох — выдох». На вдохе максимально выталкиваем живот, на выдохе — втягиваем.

2-й шаг:
5–6 выталкивающих и втягивающих движений животом в условиях максимального выдоха при задержке дыхания (так называемое диафрагмальное дыхание).

3-й шаг:
Несколько раз потянуться в постели.

Теперь можно принять душ и не торопясь съесть с вечера запланированный завтрак.

По данным американских ученых, люди, завтракающие в спокойной обстановке, весят меньше тех, кто утром перехватывает что-то на бегу. Вес первых в среднем примерно на 3,5 кг меньше.

• • • • • КОРОЛЕВСКИЙ РАЦИОН •

Калории, потребляемые утром, усваиваются лучше, чем то же количество дневных калорий. Фактически во время полноценного завтрака потребляется калорий меньше, чем тогда, когда ту же пищу потребляют позже и второпях. Да и сам факт завтрака заставляет организм вырабатывать на оптимальном уровне лептин, подавляющий аппетит, что является залогом успешного похудения.

Для достижения положительных результатов в деле снижения веса важен не только сам факт завтрака, но и то, что именно вы будете есть утром. Многие «утренние» блюда, например глазированные зерновые хлопья, тосты из белого хлеба, каши мгновенного приготовления, имеют повышенное содержание глюкозы. Такая еда приводит к быстрому увеличению уровня сахара в крови, который затем начинает стремительно падать, что сопровождается снижением работоспособности и чувством голода. Сразу возникает потребность выпить чашечку-другую кофе и закусить конфеткой или сладкой булочкой. И так каждый день. К чему это приводит — вам объяснять уже не нужно.

Поэтому **ешьте на завтрак продукты с низким содержанием глюкозы,** что замедлит пищеварение, вы избежите этой сахарной «неразберихи» и обусловленного тем самым излишнего усвоения пустых калорий.

Оптимальный вариант завтрака — каша. Предпочтение следует отдавать геркулесу, гречке, рису. Эти продукты содержат «полезные» углеводы, которые снабжают тело энергией, питая, прежде всего, мышечную ткань и головной мозг. Продукты из цельного зерна, равно как и нерафинированные растительные продукты — овощи, фрукты, бобовые, содержат именно полезные углеводы, которые долго усваиваются, так как в составе содержат клетчатку, регулирующую пищеварение (что было подробно рассмотрено в предыдущих главах этой книги). В результате вы дольше испытываете чувство сытости, а тело дольше снабжается энергией. И чем больше энергии вырабатывается в организме, тем вы активнее и тем больше калорий сжигаете. Да и жиры, как вы уже знаете, «сгорают в топке углеводов». Кроме того, нерафинированные зерновые — великолепный источник ферментов, антиоксидантов, витаминов и минеральных веществ, поддерживающих высокую скорость обмена веществ. Рафинированные же продукты — такие как белый хлеб, макароны и сладкие булочки — содержат допустимые, но абсолютно «пустые» углеводы. Эти углеводы всасываются очень быстро, и уровень сахара в крови падает, едва поднявшись. А мозг вновь требует дополнительного «топлива». Отсюда переедание и набор лишнего веса.

РЕЦЕПТЫ ПОЛЕЗНЫХ ЗАВТРАКОВ

Домашние мюсли
калорийность 367 ккал

ПРОДУКТЫ

4 ст. ложки овсяных хлопьев
1 средний апельсин (нарезать мелкими дольками)
1 ст. ложка измельченных грецких орехов
Горсть лесных ягод
20 г горького шоколада (70% какао)
1 ч. ложка меда
Натуральный домашний йогурт

ПРИГОТОВЛЕНИЕ

Все послойно положить в стеклянную посуду, залить йогуртом, сверху посыпать шоколадной стружкой.

Каша квиноа с тыквой
калорийность 1 порции 396 ккал
4 порции

ПРОДУКТЫ

1 средняя тыква
Кокосовое молоко
Крупа квиноа
1 ч. ложка меда (на 1 порцию)

ПРИГОТОВЛЕНИЕ

Тыкву нарезать кубиками. Тушить на медленном огне в кокосовом молоке 15 мин. Добавить крупу квиноа (в соотношении 2 : 1). Варить еще 8 мин. Дополнительно настоять без огня 15 мин. Перед подачей добавить мед.

Овсянка с яблоками и льняным семенем

4 порции

калорийность 1 порции 106 ккал

ПРОДУКТЫ

2 чашки нежирного соевого молока

$3/4$ чашки традиционного геркулеса

1 маленькое очищенное яблоко

$1/4$ чашки сушеной клюквы

$1/2$ ч. ложки корицы

2 ст. ложки молотого льняного семени

$1/4$ чашки натурального нежирного йогурта

2 ст. ложки кленового сиропа

ПРИГОТОВЛЕНИЕ

• В кастрюле смешать молоко, геркулес, нарезанное ломтиками яблоко, сушеную клюкву и корицу. Довести до кипения, на умеренном огне, часто помешивая.

• Убавить огонь до слабого и готовить, часто помешивая, до загущения около 10 мин.

• Добавить льняное семя. Разложить кашу в тарелки. Сверху выложить йогурт. Полить подогретым кленовым сиропом.

Чернично-лимонные оладьи

4 порции

калорийность 1 порции 197 кккал

ПРОДУКТЫ

125 г муки грубого помола

1 ч. ложка пекарского порошка

Кожура половинки лимона

1 ст. ложка сахарной пудры (тростникового сахара)

1 яйцо

1 ст. ложка лимонного сока

150 мл кокосового молока или молока низкой жирности

125 г черники или голубики

Растительное масло для жарки

ПРИГОТОВЛЕНИЕ

• Насыпать муку и пекарский порошок в чашку, смешать с натертой цедрой и сахаром. Добавить слегка взбитое яйцо и лимонный сок. Все постепенно взбить в однородную массу. Смешать с черникой.

• Разогреть сковороду. Смазать небольшим количеством масла. Тесто налить ложкой. Поджаривать 2–3 мин. с обеих сторон.

Омлет с брокколи и шпинатом

калорийность 1 порции 216 ккал

4 порции

ПРОДУКТЫ

125 г брокколи

100 г молодых листьев шпината

6 яиц

300 мл нежирного молока

2 ст. ложки натертого сыра пармезан

Большая щепотка молотого мускатного ореха

2 ч. ложки растительного масла (для приготовления)

ПРИГОТОВЛЕНИЕ

• Разделить брокколи на мелкие соцветия и нарезать стебли на тонкие ломтики.

• Погрузить в кипящую воду на 3 мин. Добавить шпинат, кипятить еще 1 мин.

• Взбить в кружке яйца, молоко, пармезан, мускатный орех.

• Выпекать в духовке при 190° С 15 мин., пока омлет не подрумянится и не станет пышным.

• Разложить порционно.

Завтрак — одна из самых удобных возможностей запастись клетчаткой на целый день. Начните день с полезных углеводов (желательно за счет цельнозерновых изделий), таких как традиционная овсянка, натуральные мюсли, каша из квиноа и готовые зерновые завтраки с низким гликемическим индексом, которые обеспечат организм «топливом». Каши готовьте на воде, добавляйте в них фрукты, ягоды, толченый грецкий орех, нежирный йогурт, немного меда или кленового сиропа. Экспериментируйте! Приготовление такой каши займет всего несколько минут. Это может позволить себе даже очень занятой человек.

Конечно, совсем необязательно начинать каждое утро с каши, хотя именно каша — лучший завтрак.

Нежирный творог, натуральный йогурт, омлет из 1—2 яиц с добавлением небольшого количества овощей или зелени — этого тоже достаточно, чтобы зарядиться утром энергией. Выбирайте настоящий зерновой хлеб, в котором можно разгля-

деть целые зерна. Главное — ни в коем случае не пропускайте завтрак и всегда заранее его планируйте. Помните и о размерах порций. Соблюдайте умеренность в потреблении углеводов и максимально используйте полезные свойства фруктов и белковых продуктов, которые позволяют дольше сохранять чувство сытости.

Между завтраком и обедом
Утренние перекусы

Через 2—2,5 часа после первого завтрака, в рамках программы дробного питания, следует устроить себе второй завтрак — не слишком плотный, но питательный перекус на выбор: какой-либо фрукт, стакан нежирного йогурта или кефира, овощ или цельнозерновой тост с сыром и зеленью. Этого вполне достаточно, чтобы зарядиться дополнительной энергией, выровнять уровень сахарной кривой и тем самым предупредить чувство голода и, соответственно, стресса для организма.

Итак, мы твердо уяснили необходимость есть 5—6 раз в день, но кто-то скажет:

«— Шесть раз в день питаться невозможно. Где же найти на это время в рамках плотного графика?»

Я отвечу:

«— А как же вы находили время для того, чтобы набрать лишние килограммы?»

Наверняка вы и раньше перекусывали — только печеньем, конфетами или вкусными пирожками, не всегда даже это замечая. Просто теперь вы будете есть больше фруктов, овощей, орехов, семечек и, возможно, других продуктов, которые раньше даже не рассматривали в качестве полезного «фастфуда». Важно выбрать то, что можно погрызть или пожевать, даже не отвлекаясь от дел.

Рецепты утренних перекусов • • • • •

Например, можно перекусить в машине, на приеме у косметолога, на рабочем месте, даже на совещании! Пожевать морковку, выпить стакан свежевыжатого сока или кефира, съесть яблоко или миндальные орешки и чернослив — ведь совсем несложно! При этом не требуется ни большого количества времени, ни специального места, ни даже столовых приборов. Важно только ваше желание сохранить здоровье и высокую работоспособность. К тому же такие перекусы повышают скорость обмена веществ, ну и, несомненно, предупреждают возникновение чувства голода и, соответственно, вероятность переедания в обед.

РЕЦЕПТЫ ПОЛЕЗНЫХ УТРЕННИХ ПЕРЕКУСОВ

Творожный крем из клубники

калорийность 1 порции 122 ккал

4 порции

ПРОДУКТЫ

400 г клубники или земляники
300 г обезжиренного творога
4 меренги
3 ч. ложки меда
Несколько листьев мяты

ПРИГОТОВЛЕНИЕ

• Разомните клубнику с медом вилкой или с помощью блендера.

• Положите в чашку творог, разомните вместе с меренгами и слегка перемешайте.

• Добавьте клубничную смесь и размешайте с помощью ложки до образования смеси с «прожилками».

• Подайте в креманке, украсив веточкой мяты.

Смуси с грейпфрутом, грушей и отрубями

калорийность 1 порции 93 ккал

2 порции

ПРОДУКТЫ

Сок 1 большого красного грейпфрута

2 спелые груши

2 ч. ложки меда

1 ч. ложка пшеничных отрубей

3–4 кубика льда из минеральной воды

ПРИГОТОВЛЕНИЕ

● Мякоть груши измельчить в блендере до пюреобразной массы.

● Добавить сок грейпфрута, мед, пшеничные отруби. Смешать.

● Перелить в емкости. Добавить лед.

Фреш из яблока, моркови, с проростками люцерны

калорийность 132 ккал

ПРОДУКТЫ

1 среднее яблоко

175 г ростков люцерны

3 средних моркови

6 свежих листьев мяты для украшения

ПРИГОТОВЛЕНИЕ

Все ингредиенты измельчить в блендере, подать в высоком бокале.

Цельнозерновые тосты с моцареллой и листовым салатом

калорийность 208 ккал

ПРОДУКТЫ

Цельнозерновой хлеб

2 листа зеленого салата

2 кусочка помидора

125 г моцареллы

ПРИГОТОВЛЕНИЕ

Хлеб подсушить, сверху положить салатные листья, помидор и моцареллу.

• Рецепты утренних перекусов • • • •

Полоски из овощей с хумусом

калорийность 109 ккал

ПРОДУКТЫ

Две веточки сельдерея
Один болгарский сладкий перец
Одна средняя морковь
Свежий огурец среднего размера
2 ст. ложки обезжиренного хумуса

ПРИГОТОВЛЕНИЕ

Овощи нарезать полосками, сверху намазать хумус.

• Совет: •

Если в качестве утреннего перекуса вы выбрали сок или фруктовый коктейль или решили начать завтрак со свежевыжатого сока, не медлите выпить его. Свежие соки теряют свои питательные вещества уже через 10 минут, так как воздух начинает уничтожать содержащиеся в них важные антиоксиданты.

• Напоминание: • • • • • • • • • • • • • • • • • •

Не забывайте между приемами пищи пить воду, зеленый или фруктовый чай, чтобы поддерживать необходимый уровень жидкости в организме. Зачастую вы принимаете жажду за чувство голода.

С перерывом на
Обед

В середине дня наступает момент очень важной трапезы — обед. Раньше для этого во многих организациях работа прекращалась, люди шли в столовую и ели здоровую пищу, способную поддержать их до самого вечера. Для большинства из нас все это давно в прошлом. Теперь многие работающие люди питаются не отходя от рабочего места, кто-то съедает обед на бегу, а кто-то предпочитает вообще не тратить время на еду во время рабочего дня, чтобы спокойно поесть только вечером.

Отказ от обеда чреват опасностью набрать лишние килограммы.

Обедайте обязательно, но не ешьте много тяжелой и слишком калорийной пищи: иначе кровь прильет к желудку, снизится работоспособность, вы почувствуете вялость, появится сонливость. Вам неизбежно потребуется допинг в виде чашечки кофе или чего-нибудь сладкого, чтобы вернуть теряемую энергию.

Если вы обедаете на бегу и ограничиваетесь рафинированными углеводами с высоким гликемическим индексом, например сэндвичем из белого хлеба или пакетиком картофельных чипсов, ваш организм будет подвержен значительным колебаниям сахара в крови и, соответственно, риску переедания сладостей.

Днем организм нуждается в достаточном количестве белка и углеводов, чтобы поддерживать необходимый энергетический баланс.

Нормальный обед должен содержать примерно 350–700 килокалорий. Большее количество употребляемых калорий обязательно приведет к вялости и сонливости

Составляя свой суточный пищевой рацион, имейте в виду, что на завтрак, второй завтрак и обед должно приходиться до

● Обед ● ● ● ● ● ● ● ● ● ● ● ● ●

70% калорийности всего дневного рациона, чтобы избыток вечерней пищи в период снижения метаболической активности организма не отложился в области талии.

Раз или два в неделю можно есть вареное или приготовленное на пару мясо, чуть чаще птицу, не забывайте про нежирную или полужирных сортов морскую рыбу — все это источники полезных протеинов и жиров.

В качестве гарнира используйте только овощи и зелень, это позволит заметно ускорить метаболические процессы.

Если вы жить не можете без первого — пожалуйста, ешьте супы, но только вегетарианские, в том числе на грибном бульоне.** Тогда второе вы сможете съесть в качестве очередного перекуса двумя часами позже.

Одновременно съесть и первое и второе тоже можно, но только при условии, что общий объем съедаемой в обед пищи не будет больше 250–300 мл.

Помните, что белки, жиры и углеводы — поставщики энергии и пластического материала для поддержания нормального состава клеток и тканей. Поэтому в рационе обязательно должны быть продукты животного и растительного происхождения.

● Совет: ● ● ● ● ● ● ● ● ● ● ● ● ● ● ● ● ●

Если перед началом обеда вы испытываете зверский голод и в итоге идете в местный ресторан или кафе, чтобы быстро съесть что-нибудь пожирнее, а совсем не то, что рекомендует моя программа, предлагаю вам очень простой выход: не пропускайте второй завтрак или обедайте немного раньше.

Если вы завтракаете очень рано, пусть у вас будет два перекуса между завтраком и обедом.

КОРОЛЕВСКИЙ РАЦИОН

РЕЦЕПТЫ ПОЛЕЗНЫХ ПЕРВЫХ БЛЮД

Суп-пюре из грибов

4 порции

калорийность 1 порции 85 ккал

ПРОДУКТЫ

500 г шампиньонов
Сок одного лимона
1 луковица
3 ст. ложки нежирных сливок
1 чашка нежирного куриного бульона
2 ст. ложки муки
Перец
Соль с пониженным содержанием натрия
Листья петрушки
3 ст. ложки оливкового масла

ПРИГОТОВЛЕНИЕ

● Почистить и мелко нарезать грибы, спрыснуть лимонным соком. Слегка обжарить в небольшом количестве масла.
● Оставшееся масло поместить в кастрюлю. Добавить муку, перемешать, постепенно добавляя 4 стакана горячей воды и чашку бульона.
● Добавить сливки. Приправить по вкусу. Затем положить в суп грибы и лук.
● Варить на медленном огне 5 мин. Посыпать мелко нарезанной петрушкой.

Суп из крапивы

4 порции

калорийность 1 порции 130 ккал

ПРОДУКТЫ

500 г овощного бульона
200 г обезжиренного молока
20 г коричневого риса
1 ст. ложка сока лимона
16 стеблей молодой крапивы
20 г масла грецкого ореха
50 г 10%-ных сливок
1 зубчик чеснока
Душистый перец

ПРИГОТОВЛЕНИЕ

● Смешать овощной бульон и молоко. Поставить на медленный огонь. Перед закипанием, помешивая, осторожно добавить муку, сделанную из риса. Оставить кипеть 5 мин.
● Добавить по вкусу морскую соль, чеснок, сок лимона.
● Суп перелить в блендер, добавить масло грецкого ореха, перемешать.
● Добавить крапиву, вновь перемешать в блендере. Смешать со сливками.

Зеленый гаспачо

калорийность 1 порции 119 ккал

4 порции

ПРОДУКТЫ

100 г рукколы
Большой пучок петрушки
Большой пучок мяты
1 кочанчик салата «Айсберг»
2 зубчика чеснока
2 куска подсушенного хлеба с отрубями
100 мл оливкового масла
2 ст. ложки лимонного сока
5 горошин белого перца
1 стручок острого перца чили

ПРИГОТОВЛЕНИЕ

● Чеснок, перец и соль растереть в кашицу. Добавить хлебный мякиш (размоченный водой). Добавить сок лимона, 2–3 ст. ложки холодной воды, сбрызнуть оливковым маслом.
● Все перемешать до однородной массы. Добавить оставшееся оливковое масло.
● Все влить в мелко порубленную зелень, перемешать. Разбавить холодной водой.
● Украсить тонко нарезанными кольцами перца.

Итальянский минестроне с песто

калорийность 1 порции 60 ккал

4 порции

ПРОДУКТЫ

1 средняя морковь
2 средние картофелины
1 черешок сельдерея
1 средняя луковица
Горсть зеленой фасоли (предварительно замочить)
Горсть белой фасоли (предварительно замочить)
2 средних помидора
1 кусочек тыквы
1 небольшой цукини
Оливковое масло
Черный перец

Для песто:
Большой пучок базилика
2–3 зубчика чеснока
2–3 ст. л. кедровых орехов
1 ст. л. оливкового масла
Черный свежемолотый перец по вкусу
50 г пармезана

ПРИГОТОВЛЕНИЕ

• Все овощи для минестроне нарезать кубиками. Варить на медленном огне.

• Ингредиенты для песто измельчить, смешать, добавив масло. Натереть сыр на мелкой терке.

• Песто добавить к готовому минестроне из расчета 1 ст. ложка на порцию.

РЕЦЕПТЫ ПОЛЕЗНЫХ ВТОРЫХ БЛЮД

Лосось с лимонно-укропным соусом

калорийность 1 порции 252 ккал

4 порции

ПРОДУКТЫ

4 куска филе лосося (по 150 г каждое) с кожей
2 ст. л. сухого белого вина или воды
1 измельченная средняя луковица-шалот
Свежемолотый черный перец
Несколько долек лимона

Для соуса:
125 г нежирного йогурта
1 ч. ложка соуса из хрена
1 ч. ложка нарезанного свежего укропа
$1/2$ ч. ложка лимонной цедры

На гарнир:
Отварная зеленая фасоль
Брокколи
Мини-морковь

ПРИГОТОВЛЕНИЕ

● Нагреть духовку до 220° С. Смазать неглубокую форму для запекания небольшим количеством растительного масла. Положить в нее куски лосося кожей вниз. Сбрызнуть вином (или водой), посыпать шалотом и приправить перцем. Накрыть фольгой и запекать 15—20 мин.

● Взбить все ингредиенты для соуса.

● Разложить рыбу на 4 тарелки. Полить соусом.

● Подавать с дольками лимона, припущенными на пару зеленой фасолью, соцветиями брокколи и морковью.

Курица гриль под соусом с петрушкой

4 порции

калорийность 1 порции 200 ккал

ПРОДУКТЫ

4 половинки куриных грудок без кожи и костей (по 150 г каждая)
$1/2$ ч. ложки красного молотого перца
$1/2$ ч. ложки молотого кориандра
1 чашка свежей петрушки

Для соуса:
2 измельченных зубчика чеснока
$1/2$ чашки несоленого куриного бульона
3 ч. ложки лимонного сока
2 ч. ложки оливкового масла

На гарнир:
Смешанный зеленый салат
Оливковое масло и уксус (на заправку)

ПРИГОТОВЛЕНИЕ

● Нагреть гриль. Смешать паприку и кориандр, натереть этой смесью куриные грудки. Оставить на 10—15 мин.
● Жарить мясо на высоте 15 см над источником тепла по 6—8 мин. с каждой стороны. Снять с огня, дать постоять 5 мин., накрыв фольгой.
● Положить в чашку кухонного комбайна или блендер петрушку, чеснок; влить бульон, добавить лимонный сок и масло, смешать до получения соуса.
● Нарезать ломтиками готовые грудки и полить соусом.
● Листья салата полить заправкой из оливкового масла и уксуса.

Бараньи отбивные в горчичной панировке

4 порции

калорийность 1 порции 179 ккал

ПРОДУКТЫ

8 постных бараньих отбивных

Для маринада:
3 ст. ложки зернистой горчицы
1 ст. ложка нарезанного свежего розмарина
2 ст. ложки красного виноградного уксуса
1 ст. ложка оливкового масла
4 зубчика чеснока
Свежемолотый черный перец

Для гарнира:
Бататы с оранжевой мякотью
Брокколи

ПРИГОТОВЛЕНИЕ

● В стеклянной посуде взбить горчицу, розмарин, уксус, масло, добавить толченый чеснок и перец.

● Срезать с отбивных видимый жир и обвалять их со всех сторон в маринаде. Накрыть и поставить в холодильник на 1—2 часа.

● Нагреть гриль до высокой температуры.

● Обжарить отбивные по 2—3 мин с каждой стороны. Накрыть фольгой и дать постоять 5 мин.

● Отварить брокколи и сделать пюре, добавив мякоть батата.

Антрекот из телятины с овощами

калорийность 306 ккал

ПРОДУКТЫ

- 1 антрекот из телятины
- 1 средний помидор
- 1 головка репчатого лука
- 1 небольшая кольраби
- 1 сладкий перец
- 2 ч. ложки рапсового масла
- Перец черный
- Порошок карри
- 50 г овощного бульона
- 1 ч. ложка натертого пармезана
- Соль с пониженным содержанием натрия

ПРИГОТОВЛЕНИЕ

- Помидор крестообразно надрезать, опустить в кипящую воду и очистить от кожицы, мякоть нарезать кубиками. Лук, кольраби и перец, очистив, нарезать кубиками.

- Лук спассеровать сначала на воде и тихом огне до мягкости, затем на масле до румяности. Добавить помидор, посолить, поперчить, приправить карри и тушить на медленном огне еще несколько минут. По желанию влить немного бульона.

- Мясо посолить, поперчить, немного обжарить на воде с добавлением масла.

- В форму уложить овощи, антрекот, посыпать тертым сыром, запекать 15 мин при 200° С.

Гуляш из индейки

калорийность 284 ккал

ПРОДУКТЫ

100 г грудки индейки
1 красный сладкий перец
3 стебля сельдерея
1 головка репчатого лука
1 ч. л. рапсового масла
Черный молотый перец
Соль
1 мелкий зубчик чеснока
1 веточка базилика
1 помидор
4 каперса
Порошок карри

ПРИГОТОВЛЕНИЕ

● Мясо, перец и лук нарезать кубиками. Сельдерей очистить, нарезать мелкими кусочками.

● Грудку обжарить на разогретом масле, посолить, поперчить, добавить лук и овощи, слегка обжарить. Тушить под крышкой на медленном огне 5 мин.

● Чеснок очистить, мелко нарезать. Веточки базилика промыть, обсушить и мелко порубить. Каперсы размять вилкой. Помидор нарезать кубиками. Соединить с чесноком, базиликом и каперсами. Полученную смесь добавить к мясу, немного посолить, поперчить и приправить карри.

• • • • КОРОЛЕВСКИЙ РАЦИОН •

Между обедом и ужином
Дневные перекусы

В послеобеденное время, как правило, наш организм испытывает некоторый недостаток энергии. А так как мы живем не в Средиземноморском регионе, где тотальная послеполуденная дремота является делом обычным, то всячески начинаем искать пути повысить уровень падающей работоспособности. Зачастую этот путь — гастрономический и пролегающий вдалеке от моей программы питания: мы выпиваем чашечку кофе или съедаем что-нибудь сладкое.

Однако это не означает, что дневной закуской надо вовсе пренебречь. Если мы не поднимем уровень энергии — а следовательно настроения и работоспособности — именно сейчас, то, скорее всего, съедим гораздо больше вечером, когда количество пищи должно быть минимальным.

Многие живут по следующему сценарию: именно во второй половине дня начинается самая ответственная часть рабочего времени — встречи с партнерами, важные переговоры, решение неотложных задач. Где уж тут перекусить — даже подумать об этом некогда. И только вечером, когда метаболические процессы в организме существенно снизились, почему-то очень хочется есть. Отсюда — бо́льшие объемы съеденной пищи и неизбежный набор ненавистных килограммов.

С учетом сказанного, дневная закуска или полдник должны быть частью здорового режима питания, но только при условии правильно выбранных продуктов.

Съешьте на полдник стакан свежих ягод, какой-нибудь фрукт или горсть миндаля. Можно позволить себе плиточку мюсли, чипсы из сухих яблок или что-нибудь овощное, например свежую морковь, кусочки болгарского перца или стебли сельдерея. Кому-то удобней будет выпить стаканчик свежевыжатого сока или нежирного йогурта.

Только помните, что на полдник должно приходиться примерно 10% суточной калорийности.

РЕЦЕПТЫ ПОЛЕЗНЫХ ДНЕВНЫХ ПЕРЕКУСОВ

Печеное яблоко с фруктами
4 порции

калорийность 1 порции 127 ккал

ПРОДУКТЫ

4 средних яблока

125 г ягод (клюква, черная и/или красная смородина, вишня)

ПРИГОТОВЛЕНИЕ

● Очистить яблоки от сердцевины, разрезав пополам, или вырезать глубокий «кратер».

● Наполнить «кратер» ягодами. Поместить яблоки на жаропрочный противень.

● Выпекать в предварительно разогретой духовке при 220° С в течение 20 мин.

● К готовым горячим яблокам добавить 1 ч. ложку меда.

Летний фруктовый шейк
2 порции

калорийность 1 порции 90 ккал

ПРОДУКТЫ

1 спелый персик

150 г земляники

150 г малины

200 мл соевого молока

Лед

ПРИГОТОВЛЕНИЕ

● Персик разрезать на кусочки, затем добавить ягоды и соевое молоко. Все ингредиенты смешать в блендере до получения однородной пенистой массы.

● Разлить молочный шейк в высокие стаканы и положить кубики льда.

Салат из сухофруктов с миндальными орехами

калорийность 192 ккал

ПРОДУКТЫ

Горсть любых сухофруктов
10 сушеных миндальных орешков

ПРИГОТОВЛЕНИЕ

● Орехи замочить в минеральной воде (на 4 часа).
● Смешать орехи с сухофруктами. Есть тщательно пережевывая.

Натуральный однодневный йогурт с ягодами

калорийность 146 ккал

ПРОДУКТЫ

150 г натурального йогурта до 2,5% жира
Горсть свежих ягод
1 грецкий орех

ПРИГОТОВЛЕНИЕ

Добавить в йогурт ягоды и истолченный грецкий орех. Медленно съесть ложечкой.

Зеленый салат с дольками апельсина и заправкой из апельсинового сока

калорийность 88 ккал

ПРОДУКТЫ

Небольшой пучок листьев салата
1 апельсин

ПРИГОТОВЛЕНИЕ

● Разрезать апельсин, из одной половинки выдавить сок, дольки второй половинки нарезать.
● Нарвать салатные листья, добавить кусочки апельсина и заправить апельсиновым соком.

Рецепты дневных перекусов • • • •

Дневной сон в выходные дни будет помогать вашей диете. Однако, если вы не хотите почувствовать себя хуже после пробуждения, по возможности сократите время этого сна. Исследователи установили, что 10 минут сна более чем достаточно для того, чтобы ушла усталость. Продолжительный дневной сон (более 1,5 часа) может помешать вашему ночному отдыху.

Обязательно ведите дневник питания. Заранее составляйте себе план питания на предстоящий день.

Согласно плану вы принимаете пищу каждые 2,5–3 часа. При этом у вас меньше опасности подвергнуться искушению жевать что-либо дополнительное в промежутке. Записи в дневнике питания, которые вы делаете перед каждым приемом пищи, поддерживают самодисциплину и помогают фиксировать любые непредусмотренные калории.

Себе или врагу?
УЖИН

Мало правильно начать день, важно его правильно закончить. Приверженцы модных диет после шести вечера предпочитают ничего не есть. Русская народная мудрость с ними согласна: «Ужин отдай врагу».

Разные национальные традиции в отношении ужина очень сильно отличаются. В англосаксонских странах, например, ужин — это настоящий кошмар диетолога: мясо, картофель, салаты и десерт. Правда, обычно он приходится на шесть-семь часов вечера и хотя бы частично успевает перевариться ко сну. Суровые скандинавы также ужинают плотно, однако их трапеза несколько легче за счет того, что на столе чаще всего появляется традиционная рыба, да и время ужина не позднее шести. А вот латиноамериканцы ужинают достаточно поздно — иногда около десяти часов вечера. В их меню преобладают в основном овощные гарниры и мясные блюда. Только вот процент людей с избыточной массой тела в странах Латинской Америки почему-то достаточно высок. Австралийские же ученые утверждают, что поздний набег на холодильник — отличное средство в борьбе с бессонницей. Самый полезный из ужинов японский — низкокалорийные блюда и маленькие порции могут одновременно утолить голод и дать организму ночную передышку.

Так ужинать или нет?

Если на последний прием пищи приходится чуть ли не половина потребляемой за сутки еды, если жареное мясо на вашей тарелке соседствует с картошкой или майонезным салатом, а десерт в виде бисквитного пирожного с лоснящимся бочком чинно лежит на очереди — лучше сразу отдать такой ужин врагу в полном соответствии с народной мудростью.

Но совсем отказываться от ужина не следует, это обязательная составляющая рациона здорового питания. Вечером у нашего организма тоже существует потребность в получении источников энергии. И если мне кто-нибудь скажет, что после обеда он уже героически может не принимать пищу, то я отвечу, что это не здорóво. Помните, чем чреваты слишком длинные голодные отрезки времени? Правильно: дополнительным снижением скорости обмена веществ и последующей компенсацией потерянных граммов/килограммов из состава очередных трапез, даже из предстоящего здорового завтрака. Да и чувство голода при отсутствии своевременного ужина чревато тем, что вы не сможете перебороть себя в совершенно неподходящее время, скажем, перед самым сном. Поэтому никогда в течение дня не пропускайте приемы пищи!

Не позволяйте организму голодать, даже если вам не хочется есть!

Что именно есть на ужин?

Вечером скорость обменных процессов минимальна, даже если вы планируете лечь спать почти под самое утро. Поэтому наш организм способен переработать очень небольшое количество калорий, а поступивший их избыток, особенно у людей, предрасположенных набирать вес, непременно пойдет «в жир». Старайтесь ужин делать достаточно легким, общая калорийность этого приема пищи не должна превысить 20% суточной калорийности.

Чаще всего люди теряют контроль над собой за ужином и после, особенно если они придерживаются типичных низкокалорийных диет. Страдающие от полноты люди потребляют на ужин значительно больше калорий, чем худощавые от природы. Большие же порции еды приводят к увеличению массы тела по нескольким причинам.

Во-первых, избыток полученной пищи на фоне сниженного обмена веществ обязательно отложится «про запас», поэтому я вновь повторюсь, что мы всегда будем набирать лишние килограммы за счет поздней вечерней и ночной пищи.

Во-вторых, обильный ужин насыщает ненадолго. И многие исследования подтверждают, что чувство насыщения и удовлетворения после еды вечером исчезает быстрее, тогда как плотный завтрак на долгое время подавляет аппетит.

Почему после обильного ужина часто руки тянутся за чипсами, мороженым или печеньем? При этом все результаты дневного воздержания вновь сходят на нет к концу дня.

Итак, ужин должен быть не плотным. Чему же отдать предпочтение?

Начните ужин с овощей: свежих или термически обработанных — как вы любите. Овощи состоят из медленно перевариваемых и тяжелых, но малокалорийных ингредиентов с высоким содержанием влаги. Тщательно их пережевывая, вы даете организму время достичь чувства насыщения. Клетчатка замедляет пищеварение, способствует медленному высвобождению энергии, да и гликемическая нагрузка овощей (за исключением кукурузы и картошки) очень низкая. Начните ужин с овощного салата с заправкой из оливкового масла или овощного соте, в составе которого разнообразные овощи: и капуста, и болгарский перец, и кабачок, и лук с морковкой, потушенные в небольшом количестве воды с ароматными травами. Только в конце тушения можно добавить нерафинированное растительное масло.

Кто-то, возможно, отдаст предпочтение овощному супу. Например, стакан овощного супа содержит всего 82 килокалории, стакан чечевичной похлебки — 120, а стакан гаспачо — около 70. Овощные супы из гороха или фасоли содержат мало калорий, при этом очень хорошо насыщают.

К овощам можно добавить немного крупы или бобовых. Как вам кускус с овощами или гречка с овощным гарниром? Только помните, что крупы должно быть немного — главная составляющая ужина все-таки овощи.

• Ужин • • • • • • • • • • • • • • • • • •

Для большей сытности к овощам можно добавить яйцо, например к тушеной цветной капусте. Или сделать белковый омлет с овощным гарниром. Заправка к овощам — оливковое масло, небольшое количество бальзамического уксуса, а лучше — сок лимона и ароматные травы.

Постарайтесь вечером отказаться от соли, чтобы избежать задержки жидкости в организме.

Постные белковые продукты — идеальный вариант для вечерней трапезы. На пережевывание белковой пищи тоже требуется время, благодаря чему сигналы о насыщении успевают достичь мозга. К тому же белковые продукты лучше всего подавляют голод. Поэтому нежирные сорта рыбы и мяса птицы в небольшом количестве (100–150 г) вполне годятся для ужина. И сочетать их необходимо только с овощными гарнирами.

Для вечернего приема пищи максимально подходят те продукты, которые к моменту засыпания успевают «эмигрировать» из желудка в кишечник.

Меньше всего — на 1–2 часа — задерживаются в желудке кисломолочные продукты, в том числе натуральные йогурты, овощные супы и омлеты.

Чуть дольше — от 2-х до 4-х часов — остаются в желудке нежирная рыба, постное нежареное мясо, отварной картофель, овощи (за исключением бобовых) и салаты.

И совсем долго — более 4 часов — ожидают своего «транзита» жирное и жареное мясо, некоторые бобы, а также невероятные сочетания белковых (мясо, птица, творог и рыба) и крахмалистых (хлеб, бобовые, макароны, каши, картофель) продуктов.

Таким образом, для полезного ужина вполне сгодятся кисломолочные продукты (если в течение дня не было молочных, а ими злоупотреблять не стоит), зеленые овощи, отварная или запеченная рыба или омлеты с зеленью и овощами.

Можно ли есть на ужин каши, макароны или пироги? Хотя каша будет куда полезней для фигуры, чем жареный пирожок, по вечерам есть не рекомендую ни то ни другое. Дело в том, что углеводистая пища, употребляемая по вечерам, стимулирует образование инсулина, однако функция поджелудочной железы к вечеру уже снижена. Поэтому не вся глюкоза из крови утилизируется, большая ее часть превращается в жир. К тому же инсулин вечером подавляет выработку организмом гормона роста, а без него мы не только быстро стареем, но и не худеем.

Некоторые люди начинают ужин с алкоголя и крахмалистой пищи. Обычно это хлеб.

Алкоголь, если его выпить на пустой желудок, действительно стимулирует аппетит. Ваш организм успевает переработать его прежде, чем вы съедите что-то еще. Для переработки алкоголя, а это абсолютно пустые калории, организм задействует сахар в крови, так что уровень сахара немного снижается, сигнализируя мозгу о необходимости поесть и усиливая голод. Поэтому **выпитый на голодный желудок алкоголь увеличивает последующее потребление пищи примерно на 15%.** Причем большая часть последующей за алкоголем пищи обязательно отложится в «жировое депо».

То же можно сказать и о хлебе. Рафинированный крахмал стимулирует аппетит. Как вы думаете, почему в ресторанах еще до подачи заказанных вами блюд приносят бесплатную корзинку хлеба? Вряд ли для того, чтобы вы наелись и заказали поменьше еды. Причина в том, что **хлеб усиливает голод и снижает чувство насыщения от последующей пищи.** Алкоголь и булочка перед ужином вынуждают вас есть больше. Это хорошо для владельцев ресторана, но не для тех, кто хочет похудеть.

Ужин

● Совет: ●

В программах снижения массы тела лучше отказаться от крепких алкогольных напитков и ограничиться легким вином до двух бокалов в неделю. И если вы включили в вечернее меню алкоголь, то потребляйте его вместе с главным блюдом, тогда он окажет наименьшее влияние на ваш аппетит.

Иногда после тяжелого рабочего дня вы возвращаетесь домой очень уставшим и думаете только об одном: «Не хочу готовить». Обычно именно в такие дни все идет насмарку: вы заказываете пиццу или съедаете что-то из фастфуда. А дальше... вновь разочарование.

Чтобы повысить свою решимость и не отступить от программы даже в самые напряженные для вас дни, я советую всегда держать дома несколько вариантов блюд, не требующих приготовления. Например, салаты, сделанные заранее (но не заправленные). Это могут быть и овощи быстрого приготовления или варианты замороженных готовых ужинов. Чтобы повысить количество белка, вы можете добавить к овощам бобы, заранее приготовленную курицу или другое мясо.

Ну и напоследок отмечу, что для ужина важно не только содержимое тарелки, но и настроение, с которым он поглощается. Даже самая полезная и вкусная еда не пойдет на пользу, если вы ее съели с чувством досады.

РЕЦЕПТЫ ПОЛЕЗНЫХ УЖИНОВ

Вегетарианский кускус с весенними овощами

4 порции

калорийность 1 порции 350 ккал

ПРОДУКТЫ

300 г среднего кускуса

200 г зеленой фасоли

1 средний цукини

200 г замороженного или свежего зеленого горошка

1 средняя морковь

1 сладкий зеленый перец

1 небольшой баклажан

2 средних спелых помидора

1 небольшая щепотка нитей шафрана

Мускатный орех

Оливковое масло

ПРИГОТОВЛЕНИЕ

• Сварить кускус. Шафран залить 100 мл кипятка.

• Нарезать овощи и потушить их с маслом на сильном огне. Добавить горошек и шафран вместе с жидкостью.

• Поперчить, добавить немного морской соли и растертый мускатный орех.

• Все тушить 5 мин. Перемешать с кускусом.

Треска со сладким перцем

калорийность 1 порции 176 ккал

4 порции

ПРОДУКТЫ

500 г филе трески

2 зеленых перца

1 луковица

1 лавровый лист

1 морковь

1 зерно гвоздики

2 спелых помидора, нарезанные ломтиками

300 г свежеприготовленного томатного соуса

Розмарин

ПРИГОТОВЛЕНИЕ

• Треску нарезать ровными кусками. Положить в кастрюлю, залить холодной водой и оставить на несколько минут.

• Добавить мелко нарезанный лук, морковь (дольками примерно по 12 мм толщиной), гвоздику и лавровый лист.

• Слить воду.

• Перец нарезать дольками и поджарить в небольшом количестве воды.

• Смазать маслом посуду для запекания, вылить туда томатный соус, далее слоями выложить половину жареных кусочков перца, кусочки трески и розмарин. Залить оставшимся соусом и засыпать оставшимся перцем.

• Запекать несколько минут в духовке. Подавать горячим.

Фаршированная форель с зеленым салатом

4 порции

калорийность 1 порции 217 ккал

ПРОДУКТЫ

4 тушки форели

300 г шпината

300 г шампиньонов

3 головки репчатого лука

50 г нежареных кедровых орехов

2 ст. ложки оливкового масла

1 шт. кочанного салата

Перец черный молотый

Сок лимона

ПРИГОТОВЛЕНИЕ

● Лук нарезать кубиками и обжарить на оливковом масле 2 мин. Добавить нарезанные шпинат и грибы. Добавить немного перца.

● Форель нафаршировать шпинатно-грибной массой. Запекать форель в фольге 20 мин. при 200° С.

● Листья салата мелко порвать руками. Смешать с нарезанной петрушкой.

● Приготовить соус: оставшееся масло смешать с соком лимона, добавить перец, заправить салат.

● Оформить зеленью петрушки и орехами. Подавать с салатом.

Морской окунь
с соусом из свежей мяты

калорийность 1 порции 238 ккал

4 порции

ПРОДУКТЫ

500 г филе морского окуня

2 ст. ложки сока лимона

Для соуса:

$1/2$ стакана куриного бульона

$1/2$ стакана воды

2 ст. ложки рубленой зелени петрушки

2 ст. ложки рубленого базилика

1 пучок перечной мяты

2–3 ст. ложки сока перечной мяты

2–3 ст. ложки сока лимона

$1/3$ стакана оливкового масла

1 ст. ложка горчицы

2 зубчика чеснока

Молотая паприка

Черный молотый перец

ПРИГОТОВЛЕНИЕ

● Рыбу нарезать порционными кусками, сбрызнуть соком лимона, завернуть в фольгу и отправить в духовку для запекания.

● Для соуса указанные ингредиенты соединить и измельчить блендером.

● При подаче запеченное филе полить мятным соусом и оформить листьями зеленого салата.

Телятина с овощным соусом

калорийность 1 порции 305 ккал

2 порции

ПРОДУКТЫ

300 г мякоти телятины
5 стаканов овощного отвара
2 ст. ложки мясного бульона
40 г сухого белого вина
2 пучка зеленого лука
1 сладкий желтый перец
2 ст. ложки винного уксуса
3–4 ст. ложки растительного масла
Черный молотый перец по вкусу
2 ст. ложки черного перца горошком

ПРИГОТОВЛЕНИЕ

• Отвар разогреть, добавить вино и перец горошком.

• Мякоть телятины слегка отбить, свернуть рулетиком, скрепить шпажками и опустить в отвар. Варить до готовности.

• Лук нарезать колечками, перец — мелкими кубиками. Добавить черный перец, уксус, мясной бульон. Взбить и ввести растительное масло.

• Лук и перец полить заправкой.

• Остывший рулет нарезать тонкими ломтиками, полить овощным соусом.

Чтобы не наедаться вечером:

1. Планируйте ужин заранее. Если вы не успеваете к ужину вернуться домой, берите с собой ланч-боксы с едой.

2. Слегка перекусите перед выходом с работы.

3. Пройдите пешком часть пути домой. Это не только ускорит обмен веществ и заставит организм сжигать съеденное, но и поможет максимально расслабиться, избавиться от негативных эмоций, накопленных в течение рабочего дня.

4. Перед ужином примите ванну или душ. Задача — снятие стресса, что позволит быть более сдержанным в еде во время ужина.

5. Начинайте ужин с основного блюда. Жирные блюда и сладкий десерт отложите на потом.

6. Иногда заменяйте вечернюю трапезу легким перекусом в виде овощей или несладкого фрукта и небольшого количества миндальных орехов.

7. Не читайте во время ужина и не смотрите телевизор — иначе ужин затянется, и вы рискуете съесть больше.

8. Поздний ужин лучше заменить на какое-нибудь приятное времяпрепровождение и... здоровый сон.

Для записи рецептов полезных блюд

Сон
и вес

Влияет ли сон на наш вес?

Безусловно, влияет.
Мы расходуем энергию, даже когда спим.

Мужчины тратят 1 ккал, а женщины — 0,5 ккал на каждый килограмм массы тела за 1 час крепкого сна.

Получается, что женщина весом 73 кг за 8 часов сна теряет 32,5 грамма жира, что соответствует 973 г в месяц, при условии отсутствия пищи после 19^{00}.

К тому же, как я уже отмечала, в начале ночи (с 24^{00} до 3^{00}) вырабатывается максимальное ко-

личество соматотропного гормона, или гормона роста, столь необходимого для сохранения молодости, усиления сжигания жира и поддержания всех функций в организме. Поэтому, чем больше мы в своей жизни прихватим именно этого времени для сна, тем дольше будем оставаться молодыми и стройными.

К тому же здоровый сон играет ведущую роль в том, что мозг может учиться, накапливать информацию, формировать долговременную память. Продуктивность и эффективность любых наших действий существенно снизится, если мы будем лишены полноценного сна. Недостаток сна — залог болезней и снижения эффективности работы мозга.

Кроме того, сон непосредственно влияет на настроение. Беспокойный сон или недосыпание часто приводят к повышенной утомляемости и раздражительности. Наоборот, хорошо выспавшись ночью, мы чувствуем себя отдохнувшими.

Наш организм функционирует по определенному графику: одни процессы протекают днем, другие — ночью. Ночью он постепенно восстанавливается, на что требуется определенное время. У людей, которые спят ночью меньше шести часов, и тех, кто часто заменяет ночной сон дневным, этот часовой механизм часто бывает нарушен.

Нехватка всего 2-х часов ночного сна существенно влияет на уровень гормонов, регулирующих аппетит.

В частности, уровень гормона сытости лептина падает, а гормона голода грелина и гормона стресса кортизола поднимается. Высокий уровень кортизола снижает чувствительность тканей к инсулину и способствует сохранению и набору жира в клетках. К тому же после бессонных ночей повышается аппетит, нарастает усталость и снижается двигательная активность. Результат — замедление снижения массы тела и даже набор дополнительных килограммов. Поэтому спланируйте день таким образом, чтобы ночью не сидеть в Интернете, не смотреть телевизор, не стирать и убирать, а посвятить время здоровому сну.

На качество сна влияет множество факторов, в том числе то, что **мы едим или пьем незадолго до сна**. Поэтому воздержитесь от употребления вечером таких напитков, как кофе, чай, кола, не ешьте шоколад — все они содержат кофеин, который может быть причиной бессонницы. Чрезмерное употребление алкоголя вечером может разбудить вас рано утром или ночью.

Воздержитесь от сладкой пищи перед сном: она вызывает мгновенный подъем глюкозы в крови в то время, когда организм готовится к отдыху. Вместо этого ему приходится предпринять усилия для стабилизации сахарной кривой, а сон неизбежно нарушается. К тому же любая обильная пища перед сном — тяжелое испытание для организма: трудно заснуть, да и беспокойный сон вам гарантирован. Часто просыпаться по ночам может заставить постоянное чувство голода, когда вы сидите на низкокалорийной диете, стараясь похудеть. Ведь падение сахара ниже определенного уровня стимулирует мозг — голодные боли в животе не дают уснуть. Поэтому перед сном, при наличии чувства голода, воспользуйтесь легким перекусом, чтобы полноценно спать ночью. Например, стакан кефира с ложечкой меда, свежий или сушеный фрукт помогут поддержать уровень сахара в крови и заглушить муки голода.

В то же время употребление во время ужина продуктов, содержащих в составе аминокислоту триптофан, например курятины или индейки с овощным гарниром, может существенно улучшить процесс засыпания и качество сна.

В мозге триптофан преобразуется в нейромедиатор серотонин, увеличение концентрации которого к вечеру способствует более продолжительному и крепкому сну. Если вы не употребляете мясо, триптофан можно получить из брокколи и цветной капусты. В регулировании синтеза триптофана принимают участие и витамины группы В, хорошими источниками которых являются цельнозерновые изделия, мясо, птица, яйца, бобовые, молочные продукты и орехи. Возможен дополнительный прием витаминов группы В с добавлением магния, недостаток которого тоже может быть причиной бессонницы.

Что делать тем, кто работает по ночам

Если в вашем трудовом графике есть ночные смены, вам будет сложнее сбросить лишние килограммы. Организм никогда не привыкнет к ночному бодрствованию. И только в ваших силах ослабить негативные последствия для здоровья. Для этого:

1. Улучшите качество дневного сна с помощью наглазников и берушей.

2. Старайтесь не переедать перед сном.

3. Попросите у руководства разрешения спать во время ночной смены хотя бы один час, что заметно повысит активность во время рабочей смены.

4. Когда утром едете домой, защищайте глаза от солнечного света. Пусть мозг «думает», что ночь еще продолжается.

5. Побольше двигайтесь, это поможет скорректировать суточные часы — отдых во время дневного сна будет качественным.

Дополнительные советы для тех, кто работает по ночам:
Ночные смены значительно нарушают привычный режим питания.
Можно выбрать одну из двух стратегий пищевого режима, позволяющих справиться с этой проблемой.

Стратегия 1
После ночной смены можно позавтракать зерновыми хлопьями, тостами с джемом и фруктовым соком. Они богаты углеводами, повышают выработку в организме серотонина и помогают хорошо заснуть.
После пробуждения — съесть богатую белками пищу: рыбу, курицу, говядину или яйца, которые помогут оставаться бодрыми ночью.

Стратегия 2
Изменить режим питания, подстроившись под свой жизненный график.

● Для тех, кто часто меняет часовые пояса ● ● ●

Начало смены: Перенесите свой завтрак. Используйте продукты, богатые белком, например нежирный или полужирный творог, яйцо с овощами или бутерброд из цельнозернового хлеба с сыром или медом.

Не злоупотребляйте кофе, чаем и другими бодрящими напитками!

Середина смены: Суп из принесенного с собой термоса, хлебцы из цельнозерновой муки и немного фруктов или сухофруктов, маленькая горсть орехов.

Избегайте жирных продуктов и закусок!

Конец смены: Легко усваиваемая пища, богатая углеводами, которая поможет легко и крепко заснуть, например натуральный йогурт с ягодами или фруктами, рисовый пудинг с абрикосами.

Избегайте жирной и жареной еды!

Частые перелеты и смена часовых поясов тоже могут помешать вам сбросить лишние килограммы. Очень трудно бывает заснуть по новому графику, а днем нарастает усталость и чувство голода. Что же делать в этой ситуации?

Если пребывание в новом месте не превышает двух-трех дней, по возможности придерживайтесь старого графика. Если позволит ваше расписание, старайтесь есть, спать и бодрствовать в привычное для организма время. Если же в новом часовом поясе придется задержаться на более длительный срок, как можно быстрее перейдите на новый для себя график жизни. Это будет наиболее физиологично для вашего организма.

Для сохранения и поддержания веса размер порций должен быть:

— для мяса, птицы, рыбы — с карточную колоду;

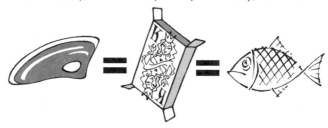

— для макарон, риса и других зерновых — с теннисный мяч (или половину этого количества, если вы хотите ограничить потребление калорий);

— для овощей — с теннисный мяч;

— для бобовых — в половину теннисного мяча;

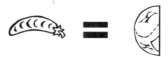

— для сыра — не более 4-х игральных костей.

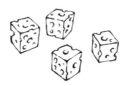

СТАБИЛИЗАЦИЯ ВЕСА
Как удержать
ДОСТИГНУТЫЙ
результат

Большое количество людей, желающих похудеть, достигают этого. Однако лишь немногим удается закрепить свой успех. Для этого требуется твердое намерение и упорство в достижении цели — избавления от лишнего веса. Помните, что нельзя похудеть только за счет диеты или периодически «садясь» на нее. Необходимо изменить свой рацион питания навсегда. Это потребует от вас много сил, терпения и значительного времени, но это единственно надежный путь.

Обязательным условием для удержания полученного результата является сохранение всех изменений в ваших привычках относительно питания и физической активности. Вам по-прежнему необходимо контролировать все, что связано с приемом пищи. Вам по-прежнему будут также необходимы регулярные физические нагрузки. А для этого придется продолжить работу над собой.

Предположим, у вас уже нормальный вес и отличное самочувствие. Однако на этом нельзя останавливаться, а успокоение — даже опасно.

Поставьте новую цель

Самое большое значение для поддержания и закрепления успеха имеет причина, которая побудила вас к снижению избыточной массы тела. Если эта мотивация по-прежнему для вас актуальна, то вам будет легко закрепить достигнутый результат. Удерживают результат лишь те, кто не останавливается на достигнутом, а продолжает совершенствовать свою жизнь.

Если вы ранее планировали снижение массы тела для улучшения внешнего вида или по каким-то другим причинам, то поставьте новую цель — восстановление и укрепление своего здоровья. Ведь вы делаете выбор не только в пользу стройности, но и в пользу хорошего тонуса, высокой работоспособности, прекрасного настроения и нового качества жизни. Эта мотивация универсальна на все времена.

Никогда себя не обвиняйте

Одной из причин возвращения избыточной массы тела является неуверенность в собственных возможностях, особенно когда вы нарушили свой новый пищевой рацион или режим питания, набрав при этом лишний килограмм-другой. Однако это вовсе не означает, что вы не способны все исправить и даже добиться большего. Сегодня вы уступили своим старым привычкам и подчинились искушению, но завтра вновь одержите верх. Главное, что вам уже удалось контролировать себя, и вы похудели. Поэтому никогда себя не обвиняйте и верьте в свои возможности. Потребуется сделать лишь правильные выводы из случившегося и впредь стараться либо не провоцировать себя, либо быть готовым в следующий раз обязательно устоять.

Многие люди худеют, затем вновь набирают вес и опять теряют его. Это продолжается на протяжении многих лет. Очень мало кто, сбро-

Как удержать достигнутый результат • • •

сив 40 килограммов, остается в том же весе всю жизнь. Чаще колебания веса напоминают скачки вверх-вниз. Человек прибавляет пару килограммов, принимает меры, и вес уходит. Снова набирает лишнее, опять что-то меняет в своем рационе или физической активности — и вновь теряет в весе.

И так постоянно.

Чтобы сбрасывать набранные килограммы и не довести себя до отчаяния, следуйте моим советам:

1. Если вы намеренно изменили свой пищевой режим и, предавшись гастрономическим искушениям, набрали несколько килограммов — не паникуйте, ничего страшного не произошло. Важно вовремя остановиться и воспользоваться разгрузочным днем или несколько дней побыть на разгрузочной низкокалорийной диете. Только постарайтесь при этом обязательно есть, причем от 6 до, быть может, 10 раз в день маленькими порциями.

Пейте при этом достаточное количество воды. Поверьте, набранные килограммы очень быстро уйдут.

Важно никогда не отчаиваться, не пойти снова назад и использовать этот дополнительный опыт по удержанию полученных результатов.

2. Ведите журнал наблюдений или дневник питания, особенно когда начинаются колебания массы тела. Порой одна серьезная, но ежедневно совершаемая ошибка может постепенно привести к набору веса и усилению аппетита. К примеру, вы начали есть хлеб до приема основной пищи, или запивать соком обед, или увеличили объемы порций, или стали есть существенно реже. Чувство голода при этом и последующее употребление более калорийной еды или больших ее объемов обязательно приведет к набору веса. И это происходит исподволь, незаметно. Проанализируйте ситуацию и найдите «системный сбой».

Если вы начали набирать вес, записывайте все, что едите, и ежедневно просматривайте свои записи. Ищите изменения. Какая вредная пища или привычка вернулась в ваш рацион?

Поддерживать вес становится сложнее, если в ваш рацион вернулись следующие продукты:

Хлеб

Жирная пища

Сладости

Соки (вместо чистой воды)

Сладкие газированные напитки

Большие порции любой крахмалистой пищи,
     в том числе макаронных изделий

Вино или пиво перед ужином

3. Не храните дома пищу, от которой вы опять начнете полнеть. Постарайтесь очистить холодильник и кухонные шкафы от «вредных» продуктов. Потребуется время, пока вы окончательно договоритесь с близкими о понимании и помощи вам. Иначе, при наличии большого количества провоцирующих вас продуктов в доме, вероятность срыва слишком высока.

4. Делайте покупку продуктов только по заранее составленным спискам, поэтому старайтесь планировать свой рацион на предстоящую неделю и никогда не ходите в магазин голодными. Вы постоянно должны контролировать все, что связано с питанием, и на полках в магазине вас должна интересовать только здоровая пища.

5. Никогда не ходите в гости на голодный желудок. Перед выходом из дома обязательно поешьте здоровую пищу согласно своему режиму питания. Если есть возможность, постарайтесь заранее деликатно предупредить гостеприимных хозяев о своих гастрономических предпочтениях. Это позволит вам хорошо провести время, не нарушив диету. Не советую за столом говорить о том, что вы худеете и сидите на строгой диете, поэтому вам нельзя есть то-то и то-то,— тем самым вы сами провоцируете себя на излишества. Не привлекая к себе внимания, просто ешьте полезные продукты и в небольшом объеме.

В ресторане избежать сложных ситуаций во время общего торжества гораздо проще. Закажите себе легкое блюдо без масла и жиров. Отдайте предпочтение блюду, приготовленному на пару или гриль.

Будьте осторожны с алкоголем. Очень надежный способ воздержания от алкоголя в гостях или в ресторане — приезжать на собственном автомобиле или говорить, что вы за рулем.

6. Постоянно повышайте свою физическую активность. Ищите возможность увеличить физические нагрузки. Больше двигайтесь, делайте это с удовольствием. Ленивым быть скучно!

7. Ешьте больше овощей. Овощи — самая сытная еда и лучший способ снизить общую калорийность пищи без ощущения, что вы стали есть меньше, ограничивать себя. Ешьте овощи в качестве перекусов, добавляйте их в свои любимые рецепты, постоянно используйте их в качестве гарниров.

Необходимо все время разнообразить свои новые привычки и получать удовольствие от здоровой пищи и полезных физических упражнений. Вы постоянно совершенствуете себя — а этот процесс бесконечный. Не останавливайтесь на достигнутом. Вы привели в норму свой вес или достигли результата, который вас радует, но это лишь первый шаг на пути к самосовершенствованию.

Будьте бдительны

Постарайтесь не допускать типичных ошибок, не попадайтесь на уловки продуманного маркетинга и гипнотизирующей рекламы профессиональных распространителей очередного «революционного и чудодейственного, быстрого и безопасного метода сжигания жира». Чудес не бывает. Только сбалансированное, рациональное питание и регулярные физические упражнения помогут вам измениться. Современная медицина не в состоянии предложить вам более естественный и безопасный способ снижения веса, кроме сбалансированного питания и повышения физической активности. Именно эти методы применялись тысячелетия назад, актуальны они и сейчас. Они требуют обязательного изменения поведения человека с целью нормализации питания, самоконтроля и самодисциплины для пунктуального выполнения всех рекомендаций.

В вопросах коррекции фигуры фармакология, психотерапия, иглорефлексотерапия, хирургические вмешательства — лишь вспомогательные методы, сами по себе они не избавляют человека от полноты. Никакой чудодейственный чай или волшебные пилюли не помогут вам достичь результатов без вашего непосредственного участия в изменении привычек своего питания и повышения физических нагрузок. Даже в древнекитайской медицине при лечении ожирения с использованием точечных традиционных восточных технологий и лечебных трав считалось обязательным соблюдение рекомендаций по питанию, дыхательным и физическим упражнениям.

С помощью современной медицины действительно можно оптимизировать процесс снижения веса и сделать фигуру более совершенной. Но, повторюсь, это может быть лишь дополнение к комплексной терапии лечения избыточной массы тела — если вы не научитесь управлять собственным аппетитом и не начнете больше двигаться, вы никогда не удержите полученный результат.

Сделайте близких своими союзниками

Пусть вам помогут все члены вашей семьи, присоединившись к тем разумным и здоровым переменам в питании, которые вы вносите в свою жизнь окончательно и бесповоротно. Вы непременно сумеете убедить близких в своей правоте, сделав их своими союзниками, ведь ваше новое питание — рациональное и сбалансированное по всем компонентам. Будьте во всем примером для своих подрастающих детей и других близких вам людей.

Все под контролем

Возьмите в привычку регулярно контролировать свой вес. Для этого взвешивайтесь не реже двух раз в неделю и после каждого пищевого излишества. Это позволит вам быстро обнаружить увеличение массы тела и своевременно провести коррекцию питания или физических нагрузок. Всегда помните о том, что вам, человеку, предрасположенному к избыточной массе тела, необходимо питаться регулярно. И если вы не взяли с собой заранее подготовленную пищу из вашего нового рациона, можете сорваться. Например, «сердобольные» сослуживцы угостят вас чем-то вредным — и вы не устоите, или вы пойдете в столовую, где не будет выбора «здоровых» продуктов, — и вам придется съесть что-то из имеющегося, или по дороге домой вас накроет сильное чувство голода — и вы купите себе какой-нибудь фастфуд. Поэтому будьте бдительны!

Если случайно забыли взять с собой перекусы, купите по дороге на работу фрукты, кефир, йогурт или свежие овощи. Это поможет преодолеть искушение.

Проводите не реже одного раза в неделю разгрузочные дни. Устраивайте их также в том случае, если накануне вы сорвались и отошли от программы здорового питания,— тогда ваша временная слабость не будет иметь последствий.

Если вы не можете выполнять физические нагрузки, подберите тот вид физической активности, который вам в настоящее время по силам и по душе. Только при наличии положительных эмоций физические упражнения принесут вам максимальную пользу. Не относитесь к упражнениям как к временному явлению, и уж тем более как к дополнительному обременению — сделайте их частью вашей жизни.

Если вы продолжаете набирать вес, несмотря на соблюдение всех рекомендаций,** следует пройти дополнительное медицинское обследование для установления причин увеличение массы тела. Без постановки точного диагноза в таких случаях не обойтись.

Учитесь на чужих ошибках.** Обязательно воспользуйтесь опытом тех, кто уже прошел этот путь — и достиг положительных результатов.

Похудеть без ущерба здоровью можно только с помощью старых и надежных способов нормализации веса.

Ваш путь — изменение образа жизни и рациона питания.

Желаю вам успехов на этом пути, упорства, сил и надеюсь, что правила сытой стройности из этой книги помогут улучшить вашу жизнь.

2 «Королевский рацион»

Социальный и экономический статус многих людей вынуждает их питаться в основном вне дома — обедать и ужинать на работе, в ресторанах, кафе, закусочных. Само питание и ритуал приема пищи являются не только важными и необходимыми факторами современной жизни, но и показателями культурного уровня. Многие деловые мужчины и деловые женщины понимают, что еда не должна быть объектом пренебрежения, поскольку это угрожает их успешной деятельности, а также здоровью в целом. В то же время еда не может быть и источником постоянной заботы, несмотря на то что пренебрежение к вопросам питания чревато повышением веса и ухудшением самочувствия. Однако организовать полноценное сбалансированное питание вне дома не всегда представляется возможным, да и прихватывать с собой ланч-боксы с полезной пищей не у всех получается.

В заботе о здоровье и благополучии многих людей, в целях организации их полноценного питания создан авторский проект программ сбалансированного питания «Королевский рацион»™, доставляемых непосредственно потребителю.

Проект включает программу детоксикации и 10 программ сбалансированного питания, часть которых препятствует набору веса, а другие ведут к снижению массы тела.

Для тех, кто страдает снижением работоспособности, астеническим синдромом, снижением умственной активности, испытывает трудности с контролем массы тела, а также подвержен частым стрессам и воздействию неблагоприятных факторов окружающей среды, предлагается программа детоксикации организма с преимущественным использованием в питании продуктов «живой пищи».

Питание, направленное на снижение веса, имеет ограничение по жирам, но содержит функциональную норму белка, основных витаминов, минералов и пищевых волокон.

Чередуя программы, каждый человек сам или с моей помощью может выбрать ту, соблюдение которой в данный момент ему будет по силам.

Сегодня часть таких программ доступна и вам, мой дорогой читатель.

Проект «Королевский рацион» это:

— ежедневная доставка полного рациона питания в удобное для человека место и время;

— баланс содержания в организме белков, жиров и углеводов в течение суток с учетом физиологических потребностей;

— соблюдение кратности и времени приема пищи;

— SMS-напоминание о каждом приеме пищи;

— использование для приготовления блюд только экологически чистых продуктов, содержащих максимальное количество витаминов, минералов и пищевых волокон;

— использование современных щадящих методов обработки продуктов;

— ежедневные советы по питанию и здоровому образу жизни для всех членов семьи;

— дневник питания для каждого клиента как практическое руководство к авторской программе для самоконтроля;

— методическое пособие для желающих снизить избыточную массу тела.

Сегодня часть таких программ доступна и вам, дорогой мой читатель.

Программы следует использовать:

1. Для обеспечения комфортного снижения массы тела и достижения долгосрочного результата.

2. Для закрепления и стабилизации результатов, полученных при применении других программ снижения избыточной массы тела.

3. Тем, кто не имеет возможности регулярно питаться дома и на работе.

4. Для формирования навыков здорового питания и поддержания нормальной массы тела.

5. Женщинам в послеродовый период для нормализации веса (после окончания периода лактации).

Если у вас избыточная масса тела, при этом периодически повышается артериальное давление, в вашей крови высокий уровень холестерина, вы страдаете болями в суставах и позвоночнике и даже предрасположены или уже имеете сахарный диабет 2-го типа — эти программы для ВАС.

Не забудьте проконсультироваться с врачом!

«Королевский рацион»
ИНТЕНСИВНОЕ
снижение
массы тела

(800–850 ккал/сутки)

Программа может быть рассчитана на 1—2 недели, в зависимости от переносимости. Данная программа не предусматривает одновременное применение интенсивных физических нагрузок. Утренняя гимнастика и ходьба в умеренном темпе (в течение часа со скоростью 4—5 км/час) — желательны и целесообразны. Дополнительно рекомендуется прием витаминных комплексов, полиненасыщенных жирных кислот и пищевых волокон.

За месяц использования этой программы возможно снижение массы тела свыше 10% от исходного веса.

1 день

7.00–7.30 1-й завтрак	Творожный паштет с морковью и зеленью
9.00–9.30 2-й завтрак	Кусочки нектарина
11.00–12.00 время перекусить	Овощной сок из сельдерея и моркови с проросшими зерновыми
13.30–14.30 обед	Суп «Гаспачо» Салат «Овощной микс» с соусом из оливкового масла
16.00–16.30 время перекусить	Ассорти из сладкого перца
18.00–18.45 ужин	Винегрет со свекольным соусом Салат-микс с ароматными травами и лаймовым соусом

2 день

7.00–7.30
1-й завтрак

Английский завтрак:
геркулесовая каша
с тертым яблоком, корицей
и медом

9.00–9.30
2-й завтрак

Сезонные фрукты

11.00–12.00
время перекусить

Однодневный йогурт

13.30–14.30
обед

Суп-крем из цукини
Перец, фаршированный
овощами
Томатный соус

16.00–16.30
время перекусить

Дольки моркови и яблока

18.00–18.45
ужин

Капустно-ореховые
биточки в салатных листьях,
лимонный соус
Салат-микс
с ароматными травами
и лаймовым соусом

день

7.00–7.30 1-й завтрак	Белковый омлет с зеленью
9.00–9.30 2-й завтрак	Ягодно-фруктовый десерт с листьями мяты
11.00–12.00 время перекусить	Овощной сок из сельдерея и моркови с проросшими зерновыми
13.30–14.30 обед	Суп-крем из зеленой спаржи Рагу из кабачков с морковью и помидором
16.00—16.30 время перекусить	Полоски огурца, зелень
18.00–18.45 ужин	Тигровые креветки с рукколой Салат-микс с ароматными травами и лаймовым соусом

4
день

7.00–7.30
1-й завтрак

Ароматная гречневая каша
с грибами, припущенным луком
и прованскими травами

9.00–9.30
2-й завтрак

Однодневный йогурт

11.00–12.00
время перекусить

Свекольный салат «Особый»
с семенами льна
и оливковым маслом

13.30–14.30
обед

Суп-крем «Овощной»
с ароматными травами
Рататуй из запеченных овощей

16.00—16.30
время перекусить

Дольки грейпфрута
и зернышки граната

18.00–18.45
ужин

Филе тиляпии на пару
с ароматными травами
Салат-микс
с ароматными травами
и ореховым маслом

5 день

7.00–7.30 1-й завтрак	Однодневный йогурт с малиной
9.00–9.30 2-й завтрак	Перепелиные яйца в «гнезде» из бланшированной китайской капусты
11.00–12.00 время перекусить	Полоски огурца
13.30–14.30 обед	Крем-суп «Королевский борщ» Салат из спаржи с редисом и зеленой стручковой фасолью
16.00—16.30 время перекусить	Сезонные фрукты
18.00–18.45 ужин	Овощной кускус с молодым горошком Салат-микс с ароматными травами и ореховым маслом

день

7.00–7.30
1-й завтрак

Кабачковые оладьи
с морковью
Йогуртовый соус с зеленью

9.00–9.30
2-й завтрак

Сок из огурца, сельдерея
и зеленого яблока

11.00–12.00
время перекусить

Сезонные ягоды

13.30–14.30
обед

Итальянский суп «Минестроне»
Итальянский салат «Капрезе»
с моцареллой и соусом
на основе оливкового масла

16.00–16.30
время перекусить

Зеленое яблоко

18.00–18.45
ужин

Спринг-роллы

7 день

7.00–7.30 1-й завтрак	Китайская рисовая лапша с ростками овощей
9.00–9.30 2-й завтрак	Сок из свеклы, моркови и шпината
11.00–12.00 время перекусить	Фруктовая шпажка с клубникой, нектарином и яблоком
13.30–14.30 обед	Суп-крем «Овощной» Овощи, припущенные на пару
16.00–16.30 время перекусить	Ассорти из сладкого перца
18.00–18.45 ужин	Салат «Цезарь» с кусочками куриной грудки Салат-микс с ароматными травами и ореховым маслом

«Королевский рацион»

для умеренного темпа снижения избыточной массы тела

(1200–1300 ккал/сутки)

Программа маложирного питания со сниженной общей калорийностью. Дополнительно к пищевому рациону целесообразно добавлять витамины, полиненасыщенные жирные кислоты, а также пищевые растительные волокна. Рекомендуется дозированная физическая нагрузка в виде ходьбы и/или умеренных и регулярных (до 3-х раз в неделю) занятий фитнесом.

За месяц использования этой программы возможно снижение массы тела от **5%** до **10%** от исходного веса.

1 день

7.00–7.30
1-й завтрак

Сырники с морковью
и зеленью
Йогуртовый соус

9.00–9.30
2-й завтрак

Кусочки нектарина

11.00–12.00
время перекусить

Овощной сок из сельдерея
и моркови
с проросшими зерновыми
Цельнозерновой хлеб

13.30–14.30
обед

Суп «Гаспачо»
Салат «Овощной микс»
с соусом из орехового масла
Филе дорады на пару
с лаймовым соусом

16.00–16.30
время перекусить

Ассорти из сладкого перца

18.00–18.45
ужин

Свекольно-миндальные биточки
на листьях зеленого салата
с соусом сальса
Салат-микс
с ароматными травами
и лаймовым соусом

день

7.00–7.30
1-й завтрак

Английский завтрак:
геркулесовая каша
с тертым яблоком, корицей
и медом

9.00–9.30
2-й завтрак

Сезонные фрукты

11.00–12.00
время перекусить

Однодневный йогурт

13.30–14.30
обед

Суп-крем из цукини
Перец, фаршированный
телятиной и овощами,
с томатным соусом

16.00–16.30
время перекусить

Дольки зеленого яблока

18.00–18.45
ужин

Капустно-ореховые
биточки в салатных листьях
с орехово-миндальным соусом
Треска на пару со спаржей
и лаймовым соусом

3
день

7.00–7.30 1-й завтрак	Легкий омлет с зеленью
9.00–9.30 2-й завтрак	Ягодно-фруктовый десерт с листьями мяты и дольками грецкого ореха
11.00–12.00 время перекусить	Овощной сок из сельдерея, моркови и свеклы с проросшими зерновыми
13.30–14.30 обед	Суп-крем из зеленой спаржи Рагу из кабачков с морковью и помидором Индейка, запеченная по-королевски
16.00–16.30 время перекусить	Полоски огурца, зелень
18.00–18.45 ужин	Тигровые креветки с рукколой Салат-микс с ароматными травами и лаймово-оливковым соусом

4

день

7.00–7.30
1-й завтрак

Ароматная гречневая каша
с грибами, припущенным луком
и прованскими травами

9.00–9.30
2-й завтрак

Однодневный йогурт

11.00–12.00
время перекусить

Свекольный салат «Особый»
с семенами льна, грецким
орехом и оливковым маслом

13.30–14.30
обед

Суп-крем «Овощной»
с ароматными травами
Рататуй из запеченных овощей
Перепелка на гриле

16.00—16.30
время перекусить

Дольки грейпфрута
и зернышки граната

18.00–18.45
ужин

Филе тиляпии на пару
с ароматными травами
и лимонником
Салат-микс
с ароматными травами
и ореховым маслом

5 день

7.00–7.30 1-й завтрак	Однодневный йогурт с малиной
9.00–9.30 2-й завтрак	Перепелиные яйца в «гнезде» из бланшированной китайской капусты
11.00–12.00 время перекусить	Фруктовый салат
13.30–14.30 обед	Крем-суп «Королевский борщ» Салат из спаржи с редисом и зеленой стручковой фасолью Крокеты из кролика
16.00–16.30 время перекусить	Сезонные фрукты
18.00–18.45 ужин	Овощной кускус с молодым горошком

6

день

7.00–7.30
1-й завтрак

Кабачковые оладьи
с морковью
Йогуртовый соус с зеленью

9.00–9.30
2-й завтрак

Сок из огурца, сельдерея
и зеленого яблока
Цельно-зерновой тост

11.00–12.00
время перекусить

Сезонные ягоды

13.30–14.30
обед

Итальянский суп «Минестроне»
Итальянский салат
«Капрезе» с моцареллой
и соусом на основе
оливкового масла

16.00–16.30
время перекусить

Фруктовый салат

18.00–18.45
ужин

Спринг-роллы
Форель на пару
на листьях салата

7 день

7.00–7.30
1-й завтрак

Китайская рисовая лапша
с овощами

9.00–9.30
2-й завтрак

Сок из свеклы, моркови
и шпината
2 цельнозерновых тоста

11.00–12.00
время перекусить

Фруктовая шпажка
с клубникой, нектарином
и яблоком

13.30–14.30
обед

Суп-крем «Овощной»
Капустный салат-микс
с кунжутным соусом сальса
Куриная грудка на пару

16.00–16.30
время перекусить

Ассорти из сладкого перца

18.00–18.45
ужин

Треска на гриле
с зеленой спаржей, зеленью
и восточным соусом

«Королевский рацион» при стабилизации или медленном снижении массы тела

(1600–1700 ккал/сутки)

Данная программа представляет собой полноценное и сбалансированное по всем необходимым здоровому организму компонентам питание. Умеренные и регулярные физические нагрузки желательны и целесообразны. Для многих людей эта программа может применяться неопределенно долго, так как нормализация режима питания, баланс питательных компонентов и употребление достаточного количества жидкости уже позволят снизить избыточную массу тела и поддерживать полученный результат. С целью стабилизации веса дополнительно могут быть рекомендованы регулярные неголодные разгрузочные дни (1–2 в неделю).

За месяц использования этой программы возможно снижение массы тела до **5%** и более от исходного веса.

1 день

7.00–7.30
1-й завтрак

Сырники с морковью
и зеленью
Йогуртовый соус

9.00–9.30
2-й завтрак

Сезонные фрукты

11.00–12.00
время перекусить

Овощной сок из сельдерея
и моркови
с проросшими зерновыми
Канапе с сыром моцарелла

13.30–14.30
обед

Суп «Гаспачо»
Салат «Овощной микс»
с соусом из орехового масла
Филе дорады на пару
с лаймовым соусом

16.00–16.30
время перекусить

Печеное яблоко с клюквой,
изюмом и кедровым орехом

18.00–18.45
ужин

Свекольно-миндальные биточки
на листьях зеленого салата
с соусом сальса
Салат-микс
с ароматными травами
и лаймовым соусом
Телятина с ароматными
травами

день

7.00–7.30 1-й завтрак	Английский завтрак: геркулесовая каша с тертым яблоком, корицей и медом
9.00–9.30 2-й завтрак	Сезонные фрукты
11.00–12.00 время перекусить	Сэндвич из сыра тофу и авокадо
13.30–14.30 обед	Суп-крем из цукини Перец, фаршированный телятиной и овощами, с томатным соусом
16.00–16.30 время перекусить	Дольки зеленого яблока Горсть миндальных орехов Чернослив
18.00–18.45 ужин	Капустно-ореховые биточки в салатных листьях с орехово-миндальным соусом Треска на пару со спаржей и лаймовым соусом

3 день

7.00–7.30 1-й завтрак	Итальянский омлет со шпинатом и овощами
9.00–9.30 2-й завтрак	Ягодно-фруктовый десерт с листьями мяты и дольками грецкого ореха
11.00–12.00 время перекусить	Овощной сок из сельдерея, моркови и свеклы с проросшими зерновыми Канапе из сыра камамбер и клубники с листьями мяты
13.30–14.30 обед	Суп-крем из зеленой спаржи Рагу из кабачков с морковью и помидором Запеченная индейка
16.00–16.30 время перекусить	Сезонные фрукты
18.00–18.45 ужин	Тигровые креветки отварные с рукколой Салат-микс с ароматными травами и лаймово-оливковым соусом

4

день

7.00–7.30
1-й завтрак

Ароматная гречневая каша
с грибами, припущенным луком
и прованскими травами

9.00–9.30
2-й завтрак

Однодневный йогурт

11.00–12.00
время перекусить

Свекольный салат «Особый»
с семенами льна, грецким
орехом и оливковым маслом
Цельнозерновой хлеб

13.30–14.30
обед

Суп-крем «Овощной»
с ароматными травами
Рататуй из запеченных овощей
Перепелка на гриле
с мини-помидорами

16.00–16.30
время перекусить

Дольки грейпфрута
и зернышки граната

18.00–18.45
ужин

Паровые рыбные биточки
Салат-микс
с ароматными травами
и ореховым маслом

день

7.00–7.30
1-й завтрак

Однодневный йогурт
с малиной

9.00–9.30
2-й завтрак

Перепелиные яйца в «гнезде»
из бланшированной
китайской капусты
Сыр гальбани
с ароматными травами

11.00–12.00
время перекусить

Фруктовый салат

13.30–14.30
обед

Крем-суп «Борщ»
Крокеты из кролика
Салат из спаржи с редисом
и зеленой стручковой
фасолью

16.00–16.30
время перекусить

Сезонные фрукты

18.00–18.45
ужин

Овощной кускус
с молодым горошком
Чилийский сибас
на листьях салата

день

7.00–7.30
1-й завтрак

Кабачковые оладьи
с морковью
и сметанным соусом с зеленью

9.00–9.30
2-й завтрак

Сок из огурца, сельдерея
и зеленого яблока
Сэндвич из сыра камамбер
и вяленых томатов

11.00–12.00
время перекусить

Сезонные ягоды

13.30–14.30
обед

Итальянский суп «Минестроне»
Итальянский салат
«Капрезе» с моцареллой
и соусом на основе
оливкового масла

16.00–16.30
время перекусить

Фруктовый салат

18.00–18.45
ужин

Спринг-роллы
Форель на пару
на листьях салата

7 день

7.00–7.30
1-й завтрак

Китайская рисовая лапша
с ростками овощей

9.00–9.30
2-й завтрак

Сок из свеклы, моркови
и шпината
Сэндвич из сыра тофу
и авокадо

11.00–12.00
время перекусить

Фруктовая шпажка
с клубникой, нектарином,
яблоком

13.30–14.30
обед

Суп-крем «Овощной»
Капустный салат-микс
с кунжутным соусом сальса
Куриная грудка на пару

16.00–16.30
время перекусить

Однодневный йогурт
с черносливом

18.00–18.45
ужин

Треска на гриле
с зеленой спаржей
и зеленью
с восточным соусом

«У меня давно уже один диетолог. Это Маргарита Королева. Несколько лет назад меня познакомила с ней Анита Цой. С тех пор я вместе с Ритой. И она была, есть и, думаю, всегда будет моим диетологом. Ее „Королевский рацион" чрезвычайно удобен, особенно когда день расписан по минутам и невозможно организовать свое питание иным образом, когда работаешь по пятнадцать часов в сутки на площадках и в студии, когда надо переделать массу дел, — при этом я получаю SMS-напоминание о необходимости сделать паузу и принимаю очень вкусную и полезную для меня пищу. Это позволяет мне поддерживать работоспособность и хорошую физическую форму, за что я очень благодарен Ритуле».

Николай Басков,
народный артист России

3 Счетчик калорий

Таблица энергетической и пищевой ценности продуктов и блюд (в 100 г)

ПРОДУКТЫ ПИТАНИЯ	Белки (г)	Жиры (г)	Углеводы (г)	Энергетическая ценность (ккал)
Овощи и продукты из них				
Баклажаны	1,2	0,1	4,5	24
Икра из баклажанов (консервы)	1,7	13,3	5,1	148
Брюква	1,2	0,1	7,7	37
Кабачки	0,6	0,3	4,6	24
Икра кабачковая	1,2	4,7	7,7	78
Икра из кабачков (консервы)	1,9	8,9	7,7	119
Кабачки жареные	1,1	5,9	7,5	88
Кабачки запеченные	2,8	10,0	9,7	140

ПРОДУКТЫ ПИТАНИЯ	Белки (г)	Жиры (г)	Углеводы (г)	Энергетическая ценность (ккал)
Капуста белокочанная	1,8	0,1	4,7	28
Борщ из свежей капусты и картофеля	1,0	1,1	5,4	36
Голубцы овощные	2,2	5,2	9,7	95
Запеканка капустная	3,1	5,2	13,5	114
Капуста отварная	1,4	0,1	4,2	24
Капуста тушеная	2,0	3,3	9,2	75
Капуста жареная	1,8	2,8	4,2	50
Капуста запеченная	2,8	8,0	7,3	113
Капуста квашеная	1,8	0,1	3.0	23
Котлеты капустные	4,2	8,2	15,3	153
Шницель из капусты	3,4	6,4	11,6	118
Салат из квашеной капусты	1,4	4,9	6,0	76
Щи из квашеной капусты	0,8	1,0	1,5	19
Щи из свежей капусты	0,9	1,1	2,5	24
Капуста брюссельская	4,8	0,3	3,1	35
Капуста краснокочанная	0,8	0,2	5,1	26
Капуста цветная жареная	1,7	3,1	3,0	47
Капуста цветная отварная	1,7	0,2	3,4	22
Картофель	2,0	0,4	16,3	77
Ватрушки картофельные	6,2	7,6	17,7	165
Зразы картофельные	2,8	6,4	20,3	152
Картофель, жаренный во фритюре	3,8	15,5	30,1	276
Картофель, жаренный ломтиками (из отварного)	2,3	8,6	18,6	161
Картофель отварной	2,0	0,4	15,8	75
Картофель сушеный	6,6	0,3	71,6	317
Котлеты картофельные	2,8	4,7	22	142
Котлеты картофельные запеченные	2,8	6,9	16,2	139

ПРОДУКТЫ ПИТАНИЯ	Белки (г)	Жиры (г)	Углеводы (г)	Энергетическая ценность (ккал)
Пюре картофельное	2,1	0,8	14,7	75
Суп картофельный	1,1	1,2	7,8	45
Суп-пюре из картофеля	1,6	2,0	8,5	58
Кольраби	2,8	0,1	7,9	44
Лук зеленый (перо)	1,3	0,1	3,2	20
Салат из зеленого лука	1,6	4,0	3,3	56
Лук-порей	2,0	0,2	6,3	36
Лук-репка	1,4	0,2	8,2	41
Лук жареный	4,5	13,5	27,4	251
Морковь	1,3	0,1	6,7	35
Запеканка морковная	2,7	5,0	17,8	128
Котлеты морковные	3,4	6,7	19,2	152
Морковь отварная	1,3	0,1	6,4	33
Пюре из моркови	1,9	5,6	8,1	90
Салат из моркови	1,3	2,0	10,7	67
Огурцы (парниковые)	0,7	0,1	1,9	11
Огурцы (грунтовые)	0,8	0,1	2,5	14
Огурцы соленые	0,8	0,1	1,7	13
Петрушка (корень)	1,5	0,6	10,1	51
Перец сладкий	1,3	0,1	4,9	26
Перец красный (консервы)	0,8	1,5	5,0	30
Лечо натуральное	1,3	0	4,7	23,8
Помидоры (грунтовые)	1,2	0,2	3,8	24
Кетчуп	1,8	1,0	22,2	93
Паста из томатов (консервы)	4,8	0	19,0	102
Помидоры жареные	1,8	4,7	5,1	73
Помидоры консервированные без кожицы	0,5	0	2,3	12
Помидоры консервированные с кожицей	1,1	0,1	21,2	99

ПРОДУКТЫ ПИТАНИЯ	Белки (г)	Жиры (г)	Углеводы (г)	Энергетическая ценность (ккал)
Пюре из томатов (консервы)	3,6	0	11,8	66
Салат из свежих помидоров	1,5	4,1	3,6	59
Ревень	0,7	0,1	2,5	16
Редис	1,2	0,1	3,4	20
Салат из редиса	2,5	5,0	2,9	67
Редька черная	1,9	0,2	6,7	36
Репа	1,5	0,1	6,2	32
Салат листовой	1,5	0,2	2,0	16
Сельдерей (листья)	0,9	0,1	2,1	13
Сельдерей (корень)	1,3	0,3	6,5	34
Свекла	1,5	0,1	8,8	42
Борщ	0,8	0,1	4,1	29
Котлеты свекольные	4,1	8,1	24,1	187
Свекла отварная	1,8	0,1	9,8	48
Свекла тушеная	1,6	3,0	10,3	75
Спаржа	1,9	0,1	3,1	21
Тыква	1,0	0,1	4,4	22
Запеканка из тыквы	4,1	6,1	16,3	137
Каша из тыквы	2,1	1,7	15,7	87
Оладьи из тыквы	4,0	7,0	19,8	158
Пюре из тыквы	1,7	6,2	6,3	88
Тыква жареная	1,7	5,7	6,9	86
Тыква отварная	1,2	0,1	4,9	26
Укроп	2,5	0,5	6,3	40
Хрен	3,2	0,4	10,5	59
Цикорий	1,7	0,2	4,1	21
Цуккини	1,2	0,1	3,2	15
Чеснок	6,5	0,5	29,9	149
Черемша маринованная	2,2	0,1	7,9	42
Шпинат	2,9	0,3	2,0	23

ПРОДУКТЫ ПИТАНИЯ	Белки (г)	Жиры (г)	Углеводы (г)	Энергетическая ценность (ккал)
Щавель	1,5	0,3	2,9	22
Щи из щавеля	2,3	3,5	1,8	48
Фрукты и ягоды и продукты из них				
Абрикосы	0,9	0,1	9,0	44
Абрикосы сушеные без косточки (курага)	5,2	0,3	51,0	232
Абрикосы сушеные с косточкой (урюк)	5,0	0,4	53,0	242
Джем из абрикосов	0,5	0	71,6	276
Авокадо	0,9	15,5	7,4	160
Айва	0,6	0,5	9,6	48
Варенье из айвы	0,4	0,2	70,6	273
Алыча	0,2	0,1	7,9	34
Ананас	0,4	0,2	11,5	52
Апельсин	0,9	0,2	8,1	43
Арбуз	0,6	0,1	5,8	27
Банан	1,5	0,5	21,0	96
Брусника	0,7	0,5	8,2	46
Виноград	0,6	0,6	15,4	72
Виноград сушеный (кишмиш)	2,3	0,5	65,8	281
Вишня	0,8	0,2	10,6	52
Голубика	1,0	0,5	6,6	39
Гранат	0,7	0,6	14,5	72
Грейпфрут	0,7	0,2	6,5	35
Груша	0,4	0,3	10,3	47
Варенье из груши	0,3	0,2	78	273
Груша сушеная	2,3	0,6	62,6	270
Дыня	0,6	0,3	7,4	35
Ежевика	1,5	0,5	4,4	34

ПРОДУКТЫ ПИТАНИЯ	Белки (г)	Жиры (г)	Углеводы (г)	Энергетическая ценность (ккал)
Земляника садовая	0,8	0,4	7,5	41
Варенье из земляники садовой	0,3	0,1	74,0	285
Инжир	0,7	0,2	12,0	52
Инжир сушеный	3,1	0,8	57,9	257
Киви	0,8	0,4	8,1	47
Клюква	0,5	0,2	3,7	28
Крыжовник	0,7	0,2	9,1	45
Лимон	0,9	0,1	3,0	34
Малина	0,8	0,5	8,3	46
Варенье из малины	0,6	0,2	70,4	273
Манго	0,5	0,3	17,0	67
Мандарин	0,8	0,2	7,5	38
Варенье из мандаринов	0,7	0,2	75,9	294
Джем мандариновый	0,3	0	71,8	276
Морошка	0,8	0,9	7,4	40
Облепиха	1,2	5,4	5,7	82
Папайя	0,6	0,1	11,1	41
Персик	0,9	0,1	9,5	45
Варенье из персиков	0,5	0	66,8	258
Персик сушеный	3,0	0,4	57,7	254
Рябина красная	1,4	0,2	8,9	50
Рябина черноплодная	1,5	0,2	10,9	55
Варенье из рябины черноплодной	0,4	0	74,8	387
Слива	0,8	0,3	9,6	49
Варенье из сливы	0,4	0,3	74,2	288
Слива сушеная (чернослив)	2,3	0,7	57,5	256
Смородина белая	0,5	0,2	8,0	42
Смородина красная	0,6	0,2	7,7	43
Смородина черная	1,0	0,4	7,3	44
Джем из черной смородины	0,6	0,1	72,9	284

ПРОДУКТЫ ПИТАНИЯ	Белки (г)	Жиры (г)	Углеводы (г)	Энергетическая ценность (ккал)
Фейхоа	1,0	0,4	14,9	67
Финики	2,5	0,5	69,2	292
Хурма	0,5	0,4	15,3	67
Черешня	1,1	0,4	10,6	52
Черника	1,1	0,6	7,6	44
Шиповник	1,6	0,7	22,4	109
Шиповник сухой	3,4	1,4	48,3	284
Яблоки	0,4	0,4	9,8	47
Варенье из яблок	0,4	0,3	68,2	265
Повидло яблочное	0,4	0	65,0	250
Пюре яблочное	0,6	0,2	19,0	82
Яблоки моченые	0,4	0,4	12,8	56
Яблоки печеные	0,4	0,4	22,0	93
Яблоки сушеные	2,2	0,1	59,0	253
Грибы				
Белые	3,7	1,7	1,1	34
Белые сушеные	30,3	14,3	9,0	286
Лисички	1,5	1,0	1,0	19
Опята	2,2	1,2	0,5	22
Подберезовики	2,1	0,8	1,2	20
Подосиновики	3,3	0,5	1,2	22
Сыроежки	1,7	0,7	1,5	19
Шампиньоны	4,3	1,0	0,1	27
Зерно				
Зерно твердой пшеницы	13,0	2,5	57,5	304
Зерно мягкой пшеницы	11,8	2,2	59,5	305

ПРОДУКТЫ ПИТАНИЯ	Белки (г)	Жиры (г)	Углеводы (г)	Энергетическая ценность (ккал)
Изделия из зерна твердой пшеницы				
Мука высшего сорта	10,8	1,3	69,9	334
Лапша домашняя	12,0	3,7	60,1	322
Макароны из муки высшего сорта	11,0	1,3	70,5	338
Макароны отварные	3,6	0,4	20,0	98
Мука первого сорта	11,1	1,5	67,8	329
Макароны из муки первого сорта	11,2	1,6	68,4	333
Изделия из зерна мягкой пшеницы				
Мука высшего сорта	10,3	1,1	70,6	334
Изделия из муки высшего сорта				
Баранки сдобные	8,3	8,0	60,4	348
Батон нарезной	7,5	2,9	51,4	262
Булки городские	7,7	2,4	52,9	265
Булки сдобные	7,9	9,4	55,5	339
Булочки столичные	8,4	2,2	53,7	269
Галеты	9,7	10,2	65,6	393
Печенье в шоколаде	6,0	23,7	64,7	489
Печенье кокосовое	6,4	25,2	59,8	473
Печенье миндальное	7,6	13,6	67,4	422
Печенье сахарное	7,5	9,8	74,4	417
Печенье с фруктовой начинкой	3,8	16,1	58,6	390
Печенье с шоколадной начинкой	5,5	27,9	57,3	497
Печенье сдобное	6,4	16,8	68,5	451
Пряники заварные	5,9	4,7	75,0	366
Рожки к чаю	8,4	5,6	56,8	312
Соломка сладкая	9,7	6,0	69,2	370

ПРОДУКТЫ ПИТАНИЯ	Белки (г)	Жиры (г)	Углеводы (г)	Энергетическая ценность (ккал)
Сухари сливочные	8,5	10,8	66,7	399
Сушки простые	10,7	1,2	71,2	339
Мука первого сорта	10,6	1,3	69,0	330
Изделия из муки первого сорта				
Баранки простые	10,4	1,3	64,2	311
Батон простой	8,0	1,0	49,1	238
Батон нарезной	7,7	3,0	50,1	259
Блины	5,1	3,1	32,6	189
Бублики простые	9,1	1,1	57,1	276
Булка повышенной калорийности	7,6	10,0	53,8	337
Вареники	12,0	6,4	16,2	172
Галушки	3,9	1,0	20,3	106
Галеты	11,0	1,4	69,5	345
Печенье сахарное	7,4	9,4	73,1	407
Оладьи	6,5	6,6	31.6	213
Соломка сладкая	9,1	6,1	69,3	372
Сушки простые	10,9	1,3	68,8	331
Мука второго сорта	11,6	1,8	64,8	322
Лаваш армянский	9,1	1,1	56,0	270
Лепешка пресная	8,8	2,2	51,9	263
Крупа				
«Артек»	11,0	1,2	68,5	329
Манная	10,3	1,0	70,6	333
«Полтавская»	11,5	1,3	67,9	329
Хлебобулочные комбинированные изделия				
На основе пшеницы				
Булочка калорийная с изюмом	7,5	4,9	54,7	293
Хлеб зерновой (мука высшего сорта + дробленое зерно)	8,6	1,4	45,1	228

ПРОДУКТЫ ПИТАНИЯ	Белки (г)	Жиры (г)	Углеводы (г)	Энергетическая ценность (ккал)
Хлебцы докторские (мука высшего сорта + отруби пшеничные)	8,2	2,6	46,3	242
Крекеры с отрубями	9,2	14,1	63,2	416
Круассаны	8,3	20,3	38,2	369
На основе пшеницы и ржи				
Хлеб бородинский	6,8	1,3	39,8	201
Хлеб рижский	5,6	1,1	49,4	232
Изделия из ржи				
Зерно продовольственное	9,9	2,2	55,8	283
Мука обдирная	8,9	1,7	61,8	298
Хлеб подовый из обдирной муки	6,1	1,2	39,9	197
Мука обойная	10,7	1,9	58,5	294
Мука сеяная	6,9	1,4	66,3	305
Хлеб подовый из сеяной муки	6,1	1,2	39,9	197
Лепешка ржаная	7,7	1,7	43,6	365
Изделия из овса				
Зерно продовольственное	10,0	6,2	55,1	316
Толокно	12,5	6,0	64,9	363
Крупа овсяная	12,3	6,1	59,5	342
Каша овсяная	2,6	4,1	15,5	109
Хлопья «Геркулес»	12,3	6,2	61,8	352
Каша из хлопьев «Геркулес»	2,4	4,1	14,8	105
Изделия из риса				
Мука диетическая	7,4	0,6	80,2	356
Рис белый среднезерный	6,6	0,6	79,3	360

ПРОДУКТЫ ПИТАНИЯ	Белки (г)	Жиры (г)	Углеводы (г)	Энергетическая ценность (ккал)
Рис белый круглозерный	6,5	0,5	79,2	358
Рис коричневый длиннозерный	7,9	2,9	77,2	370
Рис белый длиннозерный отварной	2,7	0,3	28,2	130
Рис белый длиннозерный	7,1	0,7	80	365
Рис дикий	14,7	1,1	74,9	357
Рис пропаренный	6,8	0,6	81,7	371
Рис дикий отварной	4,0	0,3	21,3	101
Суп рисовый	0,9	1,1	6,2	38
Суп-пюре из рисовой крупы	1,4	1,3	7,7	48
Запеканка рисовая	4,0	5,6	19,4	144
Каша рисовая	2,4	3,5	25,8	144
Пудинг рисовый	5,6	5,7	32,0	202
Изделия из гречихи				
Мука диетическая	13,6	1,2	71,9	353
Крупа продел	9,5	2,3	60,4	300
Крупа ядрица	12,6	3,3	57,1	308
Каша гречневая из крупы ядрица	3,0	3,4	14,6	101
Изделия из ячменя				
Крупа перловая	9,3	1,1	66,9	315
Каша перловая	2,9	3,5	22,9	135
Крупа ячневая	10,0	1,3	65,4	313
Каша ячневая	2,1	2,9	15,3	96
Изделия из проса				
Крупа пшено шлифованное	11,5	3,3	66,5	342
Каша пшенная	2,8	3,4	16,8	109

ПРОДУКТЫ ПИТАНИЯ	Белки (г)	Жиры (г)	Углеводы (г)	Энергетическая ценность (ккал)
Изделия из кукурузы				
Крупа	8,3	1,2	71,0	328
Крахмал	1,0	0,6	83,5	343
Мука	7,2	1,5	72,1	331
Кукурузные палочки	10,3	1,6	81,0	380
Беляши с мясом	11,1	9,9	22,7	227
Хачапури	13,5	11,5	35,5	299
Мюсли	11,3	13,4	67,1	352
Пицца				
С грибами	4,9	14,8	15,8	216
С мясом	6,4	11,7	13,2	183
С сыром	6,6	13,3	22,7	237
Бобовые и орехи				
Бобовые				
Горох (зерно)	20,5	2,0	49,5	298
Горох лущеный	23,0	1,6	48,1	299
Горох отварной	10,5	0,8	20,4	130
Горошек зеленый	5,0	0,2	8,3	55
Горошек зеленый консервированный	3,1	0,2	6,5	40
Соя (зерно)	34,9	17,3	17,3	364
Масло соевое	0	100	0	884
Мука соевая необезжиренная	36,5	18,6	17,9	385
Мука соевая полуобезжиренная	43,0	9,5	19,1	334
Мука соевая обезжиренная	48,9	1,0	21,7	291
Молоко соевое	4,5	1,9	4,9	52
Фасоль (зерно)	21,0	2,0	47,0	298

ПРОДУКТЫ ПИТАНИЯ	Белки (г)	Жиры (г)	Углеводы (г)	Энергетическая ценность (ккал)
Фасоль (стручок)	2,5	0,3	3,0	23
Фасоль стручковая (консервы)	1,2	0,1	2,4	16
Суп с бобами (фасоль)	3,0	1,3	6,9	54
Чечевица (зерно)	24,0	1,5	46,3	295
Орехи				
Арахис	26,3	45,2	9,9	552
Грецкий	16,2	60,8	11,1	656
Кешью	18,5	48,5	22,5	600
Миндаль	18,6	53,7	13,0	609
Фундук	15,0	61,5	9,4	651
Кедровые	16,1	66,9	9,9	706
Фисташки	14,9	52,8	27,5	645
Кокосовая стружка	5,6	63,2	27,0	606
Орехи в шоколаде	10,0	32,0	59,0	518
Паста шоколадная с орехами	11,0	28,2	58,0	530
Семена масличные				
Горчица	25,8	30,8	23,4	474
Кунжут	19,4	48,7	12,2	565
Мак	17,5	47,5	14,5	556
Оливки (мякоть)	1,6	23,7	19,0	296
Оливки (консервы)	1,8	16,3	5,2	175
Подсолнечник	20,7	52,9	10,5	601
Тыква	32,0	42,1	13,4	561
Молоко и молочные продукты				
Жирность < 1%				
Молоко пастеризованное нежирное	3,0	0,05	4,9	32
Молоко топленое, 1%	3,0	1,0	4,8	40

ПРОДУКТЫ ПИТАНИЯ	Белки (г)	Жиры (г)	Углеводы (г)	Энергетическая ценность (ккал)
Кисломолочные продукты				
Ацидофилин нежирный	3,0	0,05	3,9	31
Ацидофилин, 1%	3,0	1,0	4,0	40
Кефир нежирный	3,0	0,05	4,0	31
Кефир, 1%	3,0	1,0	4,0	40
Кумыс из коровьего молока нежирный	3,0	0,05	6,3	41
Напиток плодово-ягодный, 1%	2,7	1,0	12,2	71
Простокваша нежирная	3,0	0,05	3,8	30
Простокваша, 1%	3,0	1,0	4,1	40
Простокваша цитрусовая, 1%	2,7	1,0	10,1	63
Ряженка, 1%	3,0	1,0	4,2	40
Творожные изделия				
Творог нежирный	22,0	0,6	3,3	110
Творог мягкий диетический нежирный	22,0	0,6	3,3	110
Творог мягкий диетический нежирный плодово-ягодный	18,2	0,5	14,0	138
Сыр домашний нежирный	18,0	0,6	1,5	86
Консервы				
Молоко сгущенное с сахаром нежирное	7,5	0,2	56,8	259
Молоко сгущенное стерилизованное нежирное	6,6	0,2	10,8	71
Молоко сухое нежирное	33,2	1,0	52,6	362
Жирность 1,1–3,0%				
Молоко пастеризованное, 1,5%	3,0	1,5	4,8	45
Молоко пастеризованное, 2,5%	2,9	2,5	4,8	54
Молоко стерилизованное, 1,5%	3,0	1,5	4,8	45

ПРОДУКТЫ ПИТАНИЯ	Белки (г)	Жиры (г)	Углеводы (г)	Энергетическая ценность (ккал)
Молоко стерилизованное, 2,5%	2,9	2,5	4,8	54
Молоко стерилизованное «Можайское», 3%	2,9	3,0	4,7	58
Кисломолочные продукты				
Варенец, 2,5%	2,9	2,5	4,1	53
Йогурт, 1,5%	4,1	1,5	5,9	57
Йогурт плодово-ягодный, 1,5%	4,0	1,5	14,3	90
Кефир, 2,5%	2,9	2,5	4,0	53
Кумыс из кобыльего молока	2,1	1,9	5,0	50
Простокваша, 2,5%	2,9	2,5	4,1	53
Ряженка, 2,5%	2,9	2,5	4,2	54
Творожные изделия				
Творог, 2%	20,0	2,0	3,0	114
Жирность 3,1–10%				
Молоко пастеризованное, 3,2%	2,9	3,2	4,7	60
Молоко стерилизованное, 3,2%	3,0	3,2	4,7	60
Молоко пастеризованное, 3,5%	2,9	3,5	4,7	62
Молоко стерилизованное, 3,5%	3,0	3,5	4,7	63
Молоко топленое, 4%	2,9	4,0	4,7	67
Сливки пастеризованные, 8%	2,8	8,0	4,5	102
Сливки пастеризованные, 10%	2,7	10,0	4,5	119
Сливки стерилизованные, 10%	2,7	10,0	4,4	119
Кисломолочные продукты				
Ацидофилин, 3,2%	2,9	3,2	3,8	59
Ацидофилин сладкий, 3,2%	2,8	3,2	8,6	77
Йогурт, 3,2%	5,0	3,2	3,5	68
Йогурт сладкий, 3,2%	5,0	3,2	8,5	87
Йогурт, 6%	5,0	6,0	3,5	92

ПРОДУКТЫ ПИТАНИЯ	Белки (г)	Жиры (г)	Углеводы (г)	Энергетическая ценность (ккал)
Йогурт сладкий, 6%	5,0	6,0	8,5	112
Кефир, 3,2%	2,9	3,2	4,0	59
Простокваша, 3,2%	2,9	3,2	4,1	59
Ряженка, 4%	2,8	4,0	4,2	67
Ряженка, 6%	3,0	6,0	4,1	85
Сметана, 10%	2,7	10,0	3,9	119
Сметана домашняя, 10%	3,0	10,0	5,6	130
Творожные изделия				
Творог мягкий диетический, 4%	21,0	4,0	3,0	136
Творог мягкий диетический плодово-ягодный, 4%	17,3	4,0	13,7	164
Сыр домашний, 4%	17,0	4,0	1,5	113
Творог «Крестьянский», 5%	21,0	5,0	3,0	145
Творог полужирный, 9%	18,0	9,0	3,0	169
Творожок «Чудо»	9,5	5,0	16,3	148
Жирность > 10%				
Сливки пастеризованные, 20%	2,5	20,0	4,0	207
Сливки пастеризованные, 35%	2,2	35,0	3,2	337
Сливки стерилизованные, 25%	4,2	25,0	3.9	251
Кисломолочные продукты				
Сметана, 15%	2,6	15,0	3,6	162
Сметана, 20%	2,5	20,0	3,4	206
Сметана, 25%	2,4	25,0	3,2	250
Сметана, 30%	2,3	30,0	3,1	293
Творожные изделия				
Творог мягкий диетический, 11%	16,0	11,0	3,0	178
Творог жирный, 18%	15,0	18,0	2,8	236
Масса творожная сладкая «Особая» с изюмом, 23%	7,1	23,0	27,1	345

ПРОДУКТЫ ПИТАНИЯ	Белки (г)	Жиры (г)	Углеводы (г)	Энергетическая ценность (ккал)
Сырки глазированные с ванилином, 10,9%	9,4	10,9	33,1	270
Сырки глазированные с ванилином, 27,7%	7,9	27,7	32,6	413
Сырки и масса творожная сладкая с ванилином, 16,5%	12,0	16,5	9,5	238
Сырки творожные детские, 23%	9,1	23,0	18,5	319
Мороженое				
Молочное	3,7	3,5	21,3	132
Молочное крем-брюле	3,7	3,5	22,9	138
Молочное шоколадное	3,6	3,7	21,2	133
Молочное в шоколадной глазури	3,2	15,0	20,6	231
Пломбир	3,7	15,0	20,4	232
Пломбир крем-брюле	3,7	15,0	22,4	240
Пломбир шоколадный	3,6	15,0	20,4	231
Пломбир с плодами и ягодами	3,2	12,0	21,1	206
Пломбир в шоколадной глазури	3,2	24,0	20,1	310
Сливочное	3,7	10,0	19,4	183
Сливочное крем-брюле	3,7	10,0	21,4	191
Сливочное шоколадное	3,6	10,0	20,0	185
Сливочное с плодами и ягодами	3,2	8,0	20,1	166
Сливочное в шоколадной глазури	3,2	20,0	19,4	271
Фруктовое	3,8	8,0	20,3	168
Эскимо в шоколаде	3,5	20,0	19,6	272

ПРОДУКТЫ ПИТАНИЯ	Белки (г)	Жиры (г)	Углеводы (г)	Энергетическая ценность (ккал)
Сыры				
Сычужные				
Адыгейский	19,8	19,8	1,5	264
Бри цельный	19,8	28,0	0,2	329
Брынза из коровьего молока	22,1	19,2	0,4	262
Брынза из овечьего молока	21,1	18,8	0,3	250
Голландский	26,3	26,6	0	350
Камамбер цельный	21,4	23,0	0,2	291
Костромской	25,6	26,1	0	343
Латвийский	23,3	24,1	0	316
Литовский	27,9	14,7	0	250
Пармезан	41,5	32,0	0,1	452
Пошехонский	26,0	26,1	0	344
Рокфор	20,5	27,5	0	335
Российский	23,2	29,5	0	364
Сулугуни	20,5	22,0	0,4	286
Тильзитский жирный	27,8	25,0	0,1	334
Чеддер	23,5	30,8	0	380
Швейцарский	24,6	31,6	0	391
Эдамский жирный	26,1	23,4	0,1	313
Ярославский	26,2	26,6	0	350
Плавленые				
Колбасный (копченый)	21,2	19,4	3,7	275
Российский	20,5	23,0	2,5	300
«Янтарь», «Виола», «Дружба»	22,0	27,0	0	331
Яйца				
Яйцо куриное цельное	12,7	11,5	0,7	157
Белок	11,1	0	1,0	48

ПРОДУКТЫ ПИТАНИЯ	Белки (г)	Жиры (г)	Углеводы (г)	Энергетическая ценность (ккал)
Желток	16,2	31,2	0	354
Яйцо перепелиное цельное	11,9	13,1	0,6	168
Мясо и мясные продукты				
Мясо				
Баранина 1-й категории	15,6	16,3	0	209
Баранина 2-й категории	19,8	9,6	0	166
Говядина 1-й категории	18,6	16,0	0	218
Говядина 2-й категории	20,0	9,8	0	168
Конина 1-й категории	19,5	9,9	0	167
Конина 2-й категории	20,9	4,1	0	121
Мясо кролика	21,2	11,0	0	183
Оленина 1-й категории	19,5	8,5	0	155
Поросята	20,6	3,0	0	109
Свинина беконная	17,0	27,8	0	318
Свинина жирная	11,7	49,3	0	491
Свинина мясная	14,3	33,3	0	357
Телятина 1-й категории	19,7	2,0	0	97
Телятина 2-й категории	20,4	0,9	0	89
Мясо птицы				
Бройлеры (цыплята) 1-й категории	18,7	16,1	0	220
Бройлеры (цыплята) 2-й категории	19,7	11,2	0	180
Гуси 1-й категории	15,2	39,0	0	412
Гуси 2-й категории	17,0	27,7	0	317
Индейки 1-й категории	19,5	22,0	0	276
Индейки 2-й категории	21,6	12,0	0	194
Куры 1-й категории	18,2	18,4	0	238
Куры 2-й категории	21,2	8,2	0	159

ПРОДУКТЫ ПИТАНИЯ	Белки (г)	Жиры (г)	Углеводы (г)	Энергетическая ценность (ккал)
Утки 1-й категории	15,8	38,0	0	405
Утки 2 категории	17,2	24,2	0	287
Субпродукты говяжьи				
Мозги	11,7	8,6	0,8	127
Печень	17,9	3,7	5,3	127
Почки	15,2	2,8	1,9	86
Сердце	16,0	3,5	2,0	96
Язык	16,0	12,1	2,2	173
Субпродукты свиные				
Мозги	10,5	8,6	0,8	119
Печень	18,8	3,8	4,7	109
Почки	15,0	3,6	2,7	92
Сердце	16,2	4,0	2,6	101
Язык	15,9	16,0	2,1	208
Консервы мясные				
Ветчина особая	17,6	6,2	0	126
Говядина тушеная	16,8	17,0	0,2	220
Паштет говяжий	16,1	23,3	0,4	275
Паштет печеночный	11,6	28,1	3,4	301
Язык говяжий в желе	22,4	13,6	2,4	212
Кулинарные изделия из баранины				
Баранина жареная	22,4	19,4	0	264
Баранина отварная	21,8	17,4	0	244
Баранина тушеная	10,3	12,7	3,6	170
Котлеты отбивные	20,6	30,6	9,1	394
Котлеты рубленые	13,6	14,8	12,9	240
Поджарка	19,5	35,1	3,9	409
Рагу из баранины	5,1	10,1	10,1	152
Шницель отбивной	21,8	23,2	9,1	333

ПРОДУКТЫ ПИТАНИЯ	Белки (г)	Жиры (г)	Углеводы (г)	Энергетическая ценность (ккал)
Плов из баранины	6,4	8,5	20,5	184
Шашлык из баранины	23,9	16,0	0,5	242
Кулинарные изделия из говядины				
Азу	6,3	4,0	10,2	103
Антрекот	29,6	11,2	0	220
Бефстроганов	16,7	11,3	5,9	193
Биточки паровые	14,5	10,8	9,1	192
Бифштекс	29,2	11,2	0	216
Бифштекс рубленый	18,4	25,6	0	306
Говядина жареная	28,4	6,0	0	168
Говядина отварная	25,8	16,8	0	254
Говядина тушеная	13,6	5,4	3,3	116
Котлеты рубленые	14,2	11,4	13,1	213
Мясо духовое	6,6	3,8	10,7	104
Поджарка	24,9	13,6	4,0	237
Ромштекс	24,9	11,3	8,6	237
Плов из говядины	8,1	4,0	20,5	150
Сардельки отварные	11,4	18,2	1,2	215
Сосиски отварные	10,4	20,0	0,8	225
Тефтели	7,4	9,1	9,6	150
Шницель рубленый	17,5	24,9	9,0	331
Печень жареная	22,8	10,2	9,4	208
Паштет из печени	18,1	11,1	7,0	177
Шашлык из говядины	28,7	2,8	0,5	142
Кулинарные изделия из свинины				
Котлеты отбивные	17,5	40,3	8,8	470
Котлеты рубленые	13,6	45,7	0	466
Поджарка	15,7	49,3	4,2	524
Поросенок жареный	26,4	4,5	0,2	147
Свинина жареная	19,6	26,2	0	314

ПРОДУКТЫ ПИТАНИЯ	Белки (г)	Жиры (г)	Углеводы (г)	Энергетическая ценность (ккал)
Свинина отварная	22,5	31,5	0	373
Свинина тушеная	9,0	20,4	3,5	235
Шницель отбивной	19,0	32,2	8,8	403
Шницель рубленый	13,5	42,5	9,0	473
Эскалоп	18,1	32,3	0	363
Плов со свининой	6,2	11,5	4,4	210
Тушенка	14,9	32,2	0	349
Шашлык из свинины	19,9	22,0	0,5	280
Кулинарные изделия из мяса кролика				
Кролик жареный	31,5	12,7	0,1	241
Кролик отварной	25,5	10,4	0	194
Рагу из кролика	6,4	6,1	10,4	123
Кулинарные изделия из мяса цыплят				
Цыплята жареные	24,0	18,3	0,1	261
Цыплята табака	24,8	20,2	0,1	281
Цыплята отварные	21,1	13,6	0	211
Котлеты рубленые	15,2	13,6	13,5	238
Рагу из цыплят	6,2	7,1	8,9	125
Кулинарные изделия из мяса кур				
Биточки паровые	18,6	7,2	9,3	176
Котлеты куриные	18,2	10,4	13,8	222
Курица жареная	23,3	19,8	0,1	272
Курица, жаренная во фритюре	24,5	11,2	13,3	251
Курица отварная с кожей	22,6	17,0	0	244
Курица отварная без кожи	29,8	1,8	0,5	137
Фрикадельки куриные	18,2	6,5	7,8	163
Плов с курицей	6,7	8,3	15,0	161

ПРОДУКТЫ ПИТАНИЯ	Белки (г)	Жиры (г)	Углеводы (г)	Энергетическая ценность (ккал)
Кулинарные изделия из мяса индейки				
Котлеты из индейки	18,6	12,2	8,7	220
Индейка жареная	23,4	20,7	0,1	280
Индейка отварная	23,6	19,8	0	273
Рагу из индейки	6,0	7,9	8,9	131
Кулинарные изделия из мяса утки				
Утка жареная	23,2	34,9	0,1	407
Утка отварная	18,1	34,6	0	385
Рагу из утки	6,3	13,5	9,6	186

Колбасные продукты

ПРОДУКТЫ ПИТАНИЯ	Белки (г)	Жиры (г)	Углеводы (г)	Энергетическая ценность (ккал)
Колбасы вареные				
Говяжья	15,0	11,7	0,2	165
Диетическая	12,1	13,5	0	170
Для завтрака	13,0	13,9	2,4	187
Докторская	12,8	22,2	1,5	257
Любительская	12,2	28,0	0,1	301
Молочная	11,7	22,8	0,2	252
Русская	11,5	27,9	1,7	302
Свиная	10,8	25,8	0,5	277
Телячья	13,2	28,3	0,3	308
Чайная	11,7	18,4	1,7	216
Сардельки				
Сардельки говяжьи	11,4	18,2	1,3	215
Сардельки свиные	10,1	31,6	1,8	322
Сосиски				
Сосиски говяжьи	10,4	20,1	0,8	226
Сосиски молочные	11,0	23,9	0,4	261

ПРОДУКТЫ ПИТАНИЯ	Белки (г)	Жиры (г)	Углеводы (г)	Энергетическая ценность (ккал)
Сосиски русские	11,3	22,0	1,7	250
Сосиски столичные	12,2	20,3	1,7	234
Колбасы варено-копченые				
Любительская	17,2	39,0	0,2	420
Московская	19,1	36,6	0,2	406
Колбасы полукопченые				
Армавирская	15,1	40,1	0,3	423
Одесская	14,8	38,1	0,3	402
Охотничьи колбаски	25,3	40,0	0,3	463
Таллинская	17,1	33,8	0,2	373
Сырокопченые колбасы				
Брауншвейгская	27,7	42,2	0,2	491
Свиная	13,0	57,0	0,2	566
Сервелат	24,0	40,5	0,2	461
Продукты из свинины				
Грудинка копчено-запеченная	10,0	52,7	0	514
Грудинка сырокопченая	8,9	63,3	0	605
Корейка копчено-запеченная	10,2	48,2	0	475
Корейка сырокопченая	10,5	47,4	0	469
Окорок вареный	14,3	25,6	0	288
Конина отварная	28,3	12,0	0	221
Оленина отварная	28,5	10,3	0,7	209
Манты с мясом				
Отварные	10,3	9,1	16,8	191
Жареные	11,0	22,5	14,1	303
Пельмени				
Отварные	9,5	12,5	15,3	212
Со сливочным маслом	9,1	15,4	14,7	234
Со сметаной	8,7	13,4	14,0	211

ПРОДУКТЫ ПИТАНИЯ	Белки (г)	Жиры (г)	Углеводы (г)	Энергетическая ценность (ккал)
Рыба и продукты из нее				
Бычки	12,8	8,1	5,2	144
Вобла	18,0	2,8	0	95
Вобла холодного копчения	31,1	6,3	0	181
Горбуша	20,5	6,5	0	140
Горбуша отварная	22,1	9,0	0	169
Горбуша соленая	22,1	9,0	0	169
Горбуша натуральная (консервы)	20,9	5,8	0	136
Горбуша в томатном соусе (консервы)	15,0	6,0	4,1	130
Горбуша холодного копчения	18,3	4,3	0	117
Зубатка пестрая	19,6	5,3	0	126
Зубатка отварная	19,0	5,1	0	122
Зубатка жареная	22,2	11,5	4,1	209
Камбала дальневосточная	15,7	3,0	0	90
Камбала обжаренная в масле (консервы)	14,4	21,8	0	254
Карась	17,7	1,8	0	87
Карп	16,0	5,3	0	112
Карп жареный	18,5	10,5	3,2	181
Кета	19,0	5,6	0	127
Кета соленая	24,3	9,6	0	184
Кета натуральная (консервы)	21,5	4,8	0	129
Кижуч	21,6	6,0	0	140
Килька балтийская	14,1	9,0	0	137
Килька балтийская соленая	17,1	7,6	0	137
Корюшка	15,5	3,2	0	90
Лещ	17,1	4,4	0	105
Лещ горячего копчения	32,8	4,5	0	172

ПРОДУКТЫ ПИТАНИЯ	Белки (г)	Жиры (г)	Углеводы (г)	Энергетическая ценность (ккал)
Лещ холодного копчения	29,7	4,6	0	160
Лещ вяленый	42,0	5,9	0	221
Лещ в томатном соусе (консервы)	15,3	5,1	4,0	124
Минтай	15,9	0,9	0	72
Мойва весенняя	13,1	7,1	0	116
Мойва осенняя	13,6	18,1	0	217
Навага	19,2	1,6	0	91
Навага жареная	18,3	8,3	4,8	169
Нерка красная	20,3	8,4	0	157
Нерка натуральная (консервы)	19,1	10,5	0	171
Окунь речной	18,5	0,9	0	82
Окунь морской	18,2	3,3	0	103
Окунь морской отварной	19,9	3,6	0	112
Окунь жареный	20,6	9,1	4,0	180
Окунь запеченный	6,8	4,7	8,4	103
Окунь горячего копчения	23,5	8,0	0	166
Осетр каспийский	16,4	10,9	0	164
Осетр отварной	17,7	12,0	0	179
Балык осетра холодного копчения	20,4	12,5	0	194
Теша осетровая холодного копчения	17,6	25,7	0	302
Осетр в томатном соусе (консервы)	14,4	11,8	3,3	164
Палтус белокожий	18,9	3,0	0	103
Пикша	17,2	0,5	0	73
Плотва	19,0	4,0	0	110
Сазан	18,2	2,7	0	97
Сазан в томатном соусе (консервы)	12,4	8,7	3,5	143

ПРОДУКТЫ ПИТАНИЯ	Белки (г)	Жиры (г)	Углеводы (г)	Энергетическая ценность (ккал)
Сайра	18,6	12,0	0	182
Салака	17,0	6,3	0	125
Севрюга	16,9	10,3	0	160
Севрюга в томатном соусе (консервы)	16,0	11,4	2,6	178
Сельдь атлантическая жирная	17,7	19,5	0	248
Сельдь атлантическая нежирная	19,1	6,5	0	135
Сельдь тихоокеанская жирная	14,0	15,0	0	191
Сельдь тихоокеанская нежирная	18,0	7,0	0	135
Семга	20,0	8,1	0	153
Семга соленая	22,5	12,5	0	202
Скумбрия дальневосточная	19,3	18,0	0	239
Скумбрия атлантическая	18,0	13,2	0	191
Скумбрия холодного копчения	23,4	6,4	0	150
Скумбрия натуральная (консервы)	17,7	14,4	0	200
Скумбрия в масле (консервы)	14,4	28,9	0	318
Сом	17,2	5,1	0	115
Сом в томатном соусе (консервы)	12,9	6,3	4,0	126
Ставрида океаническая	18,5	4,5	0	114
Ставрида отварная	20,0	4,9	0	124
Ставрида жареная	20,3	10,5	0	190
Стерлядь	17,0	6,1	0	122
Судак	18,4	1,1	0	84
Судак отварной	20,5	1,2	0	96
Судак в томатном соусе (консервы)	14,0	5,3	3,1	119
Треска	17,9	0,8	0	79
Треска отварная	17,9	0,8	0	79
Треска запеченная	6,0	3,7	8,0	90

ПРОДУКТЫ ПИТАНИЯ	Белки (г)	Жиры (г)	Углеводы (г)	Энергетическая ценность (ккал)
Треска жареная	16,0	5,1	3,1	123
Треска горячего копчения	26,7	1,2	0	115
Печень трески (консервы)	4,2	65,7	1,2	613
Тунец	24,4	4,6	0	139
Тунец натуральный (консервы)	22,5	0,7	0	96
Тунец в масле (консервы)	22,0	15,9	0	232
Угорь	14,5	30,5	0	333
Хек	16,6	2,2	0	86
Чавыча	19,1	8,0	0	148
Шпроты в масле (консервы)	17,4	32,4	0	363
Щука	18,4	1,1	0	84
Щука отварная	21,3	1,3	0	98
Щука в томатном соусе	14,2	4,0	3,1	110
Щука ледяная отварная	20,2	2,5	0	103
Язь	18,2	1,0	0	81
Икра				
Белужья зернистая	26,8	13,8	0,8	235
Горбуши зернистая	31,5	13,2	1,0	249
Лещевая пробойная	24,7	4,8	0	142
Минтаевая пробойная	27,9	1,8	1,1	132
Осетровая зернистая	28,4	9,3	0,6	200
Осетровая паюсная	38,2	14,5	1,5	289
Севрюжья зернистая	28,2	11,7	0,7	221
Бутерброд с икрой кеты зернистой	5,5	3,9	15,0	117
Бутерброд с икрой осетровой зернистой	5,2	3,5	15,0	112

ПРОДУКТЫ ПИТАНИЯ	Белки (г)	Жиры (г)	Углеводы (г)	Энергетическая ценность (ккал)
Ракообразные и другие морепродукты				
Гребешки морские	116,8	0,8	2,4	88
Кальмар (мясо)	18,0	2,2	2,0	100
Краб камчатский (мясо)	18,2	1,0	0	82
Крабы натуральные (консервы)	18,7	1,1	0	85
Креветка дальневосточная (мясо)	18,3	1,2	0,8	87
Креветка антарктическая (мясо)	20,5	1,6	0,3	98
Креветка антарктическая натуральная (консервы)	17,7	1,1	0,3	82
Лангуст, омар	18,8	1,3	0,5	89
Лангуст, омар вареные	20,5	0,7	0,3	90
Мидии	11,5	2,0	3,3	77
Морская капуста свежая	0,9	0,2	3,0	17
Морская капуста сушеная	6,2	0,3	80,9	306
Раки речные	15,5	1,0	1,2	76
Раки речные вареные	20,3	1,3	1,0	97
Трепанг	7,0	1,0	0	37
Устрицы	9,0	2,0	4,5	72
Масла, жиры и жировые продукты				
Жир свиной топленый	0	99,7	0	897
Майонез, 28%	1,0	28,1	8,2	290
Майонез столовый «Провансаль»	2,8	67,0	2,6	625
Майонез столовый молочный	2,4	67,0	3,9	627
Маргарин				
«Рама»	0,2	70,0	1,0	635
«Пальма»	0,3	80,0	0,4	710
«Экстра»	0,5	82,0	1,0	744

ПРОДУКТЫ ПИТАНИЯ	Белки (г)	Жиры (г)	Углеводы (г)	Энергетическая ценность (ккал)
Низкокалорийный, 40%	6,5	40,2	1,3	393
Низкокалорийный, 60%	0,5	60,0	0,7	545
«Сливочный»	0,3	82,0	1,0	743
«Здоровье»	0,5	82,0	0,7	743
Масло				
Арахисовое	0	99,9	0	899
Какао	0	99,9	0	899
Кокосовое	0	99,9	0	899
Конопляное	0	99,9	0	899
Кукурузное	0	99,9	0	899
Кунжутное	0	99,9	0	899
Льняное	0	99,8	0	898
Оливковое	0	99,8	0	898
Пальмовое	0	99,8	0	898
Подсолнечное	0	99,9	0	899
Рапсовое	0	99,9	0	899
Сладко-сливочное «Бутербродное»	1,3	61,5	1,7	566
Сладко-сливочное несоленое	0,5	82,5	0,8	748
Сливочное	1,1	73,5	1,1	659
Сливочное «Крестьянское»	0,8	72,5	1,3	661
Сливочное топленое	0,3	98,0	0,6	886
Соевое	0	99,9	0	899
Экстра	0,7	82,5	0,7	735
Свиной шпик (сало) жареный	1,5	91,5	0	830
Свиной шпик (сало) соленый	1,4	92,8	0	841
Жир из печени трески	0	99,8	0	898

ПРОДУКТЫ ПИТАНИЯ	Белки (г)	Жиры (г)	Углеводы (г)	Энергетическая ценность (ккал)
Соки и напитки				
Вода минеральная	0	0	0	0
Какао на молоке	3,2	3,8	5,1	67
Какао с молоком без сахара	2,0	2,3	3,2	41
Квас хлебный	0,21	0	5,0	21
Кока-кола Light	0,1	0	0,1	0,8
Кока-кола (классическая)	0	0	10,4	42
Кофе с молоком без сахара	0,9	1,1	1,3	18
Кофе со сгущенным молоком	8,4	8,6	53	323
Кофе черный без сахара	0,1	0,1	0	1,5
Лимонад	0	0	5,8	24
Морс из ягод (без сахара и ягод)	0,1	0,1	1,0	5
Напитки газированные лимонные	0	0	10,3	42
Отвар шиповника	0,3	0	12,1	50
Сок				
Абрикосовый с мякотью	0,7	0	6,9	30
Ананасовый	0,6	0,1	11,4	48
Апельсиновый	0,78	0	12,8	54
Виноградный	0,3	0	13,8	56
Вишневый	0,7	0	10,2	44
Грейпфрутовый	0,3	0	8,0	33
Лимонный	0,4	0,3	6,4	30
Мандариновый	0,8	0	9,0	39
Морковный	0,4	0,1	11,3	43
Персиковый	0,3	0	17,0	69
Сливовый	0,3	0	16,1	66
Томатный	1,0	0	3,5	18
Черносмородиновый	0,5	0	7,9	34
Яблочный	0,5	0	9,1	38
Чай черный, зеленый без сахара	0	0	0	0,1

ПРОДУКТЫ ПИТАНИЯ	Белки (г)	Жиры (г)	Углеводы (г)	Энергетическая ценность (ккал)
Спиртные напитки				
Вермут	0	0	15,9	155
Вино десертное белое	0,5	0	16,0	156
Вино красное крепленое	0,5	0	16,0	156
Вино сухое белое	0,2	0	0,2	63
Вино сухое красное	0,2	0	0,2	63
Водка	0	0	0,1	234
Джин с тоником	0,2	0	0,2	63
Коньяк	0	0	1,5	239
Ликер	0	0	45,0	329
Пиво, ниже 4% алкоголя	0,6	0	4,8	38
Пиво, выше 4% алкоголя	1,1	0	8,3	49
Пиво, 10–15% алкоголя	0,5	0	3,8	66
Шампанское	0,2	0	5,0	88
Конфеты и кондитерские изделия				
Вафли с жировыми начинками	3,9	30,6	62,5	542
Вафли с фруктово-ягодными начинками	2,8	3,3	77,3	354
Драже сахарное	0	0	97,7	393
Зефир	0,8	0,1	79,8	326
Зефир, глазированный шоколадом	2,2	12,3	68,4	396
Ирис полутвердый	3,3	7,6	81,5	408
Ирис с орехом	6,6	15,9	68,2	433
Какао-порошок	24,3	15,0	10,2	289
Карамель				
Глазированная	1,0	0,8	92,8	378
Леденцовая	0	0	95,8	384

ПРОДУКТЫ ПИТАНИЯ	Белки (г)	Жиры (г)	Углеводы (г)	Энергетическая ценность (ккал)
С молочной начинкой	0,8	1,0	91,2	377
С фруктово-ягодной начинкой	0,1	0,1	92,4	371
С шоколадно-ореховой начинкой	1,6	8,0	87,1	427
Кекс с изюмом	6,4	17,6	53,5	384
Конфеты «Батончики»	3,3	30,5	62,5	538
Конфеты молочные «Коровка»	2,7	4,3	82,3	379
Конфеты шоколадные	4,0	39,5	51,3	577
Конфеты шоколадные с орехами	6,4	34,6	54,6	555
Маковый рулет	9,2	15,8	44,5	340
Мармелад желейный	0,1	0	79,4	321
Мармелад фруктово-ягодный, глазированный шоколадом	1,5	9,2	64,2	349
Мед	0,8	0	80,3	324
Пастила	0,5	0	80,0	324
Пастила, глазированная шоколадом	1,9	12,0	70,9	402
Пирожное				
«Картошка»	6,8	15,5	36,0	311
«Кольцо заварное»	6,5	20,0	21,2	291
Бисквитное с фруктовой начинкой	4,7	9,3	64,5	351
Миндальное	8,5	16,2	65,5	431
Песочное с фруктовой начинкой	5,1	18,5	62,6	437
Слоеное	5,7	25,6	52,7	464
«Эклер»	5,9	10,2	55,2	329
«Наполеон»	5,9	17,0	43,6	348
Сахар-песок	0	0	99,8	399
Сахар-рафинад	0	0	99,9	400
Творожник	13,5	18,3	36,2	361

ПРОДУКТЫ ПИТАНИЯ	Белки (г)	Жиры (г)	Углеводы (г)	Энергетическая ценность (ккал)
Торт				
Безе с орехами	10,0	21,1	70,0	510
Бисквитно-кремовый	5,6	11,8	58,8	369
«Ленинградский»	5,1	18,5	62,6	437
«Медовый»	4,3	21,1	50,6	409
«Прага»	7,1	23,1	38,6	390
«Птичье молоко»	5,6	11,8	58,8	356
Слоеный с кремом	8,5	37,4	44,0	542
«Чародейка»	4,4	12,4	53,6	335
Халва тахинно-арахисовая	12,7	29,2	47,0	502
Халва тахинно-шоколадная	12,8	28,1	48,4	498
Халва подсолнечная	11,6	29,7	54,0	530
Шоколад				
Горький	6,2	35,4	48,2	539
Полугорький	4,7	35,4	52,5	549
Сладкий	3,0	34,0	57,6	550
Сливочный	6,3	35,5	53,7	560
Молочный	9,8	34,7	50,4	554
Импортный молочный	6,9	34,7	52,4	559
Молочно-ореховый	7,5	33,9	51,3	542
Ореховый	7,3	33,8	49,7	534
Импортный с орехами	6,6	40,9	48,0	587
Молочно-ореховый с изюмом	8,0	30,3	48,2	500
С фруктовой начинкой	5,2	35,0	55,0	559
Белый	7,7	38,4	51,0	578
Шоколадная паста	8,2	30,6	56,6	536
Шоколадный батончик				
«Баунти»	6,4	34,6	54,6	555
«Марс»	8,1	23,0	62,7	490
«Милки вэй»	3,6	16,2	71,8	448

ПРОДУКТЫ ПИТАНИЯ	Белки (г)	Жиры (г)	Углеводы (г)	Энергетическая ценность (ккал)
«Сникерс»	9,6	22,3	60,3	480
«Твикс»	5,3	23,2	64,2	483
Другие продукты				
Горчица	5,7	6,4	22,0	162
Желатин	82,4	0,1	0	343
Чипсы с беконом	5,9	38,0	52,2	537
Чипсы с паприкой	6,0	40,0	50,4	549
Чипсы соленые	5,6	40,7	49,9	552
Продукты Макдоналдс [*]				
Гамбургер	10,8	8,4	27,2	230
Чизбургер	12,8	11,2	27,2	265
Биг Маг	21,7	22,3	35,1	431
Филе-о-Фиш	13,8	15,1	36,0	489
Макчикен	17,7	18,6	33,7	373
Роял Чизбургер	25,5	24,3	25,1	428
Двойной Чизбургер	41,9	40,8	25,5	639
Роял де Люкс	23,8	28,3	26,0	460
Макнаггетс 6 шт.	20,3	15,9	9,9	256
Карри соус	0	0,2	0	31
Кисло-сладкий соус	0,1	0,2	0	34
Барбекю соус	0,1	0,2	0	32
Горчичный соус	0,2	2,3	0	47
Кетчуп	0,2	0	3,7	16
Детская порция картофеля фри	3,7	13,2	35,3	274
Стандартная порция картофеля фри	2,5	18,6	49,8	387
Овощной салат	2,8	0,2	7,2	107

[*] Указана калорийность 1 порции.

ПРОДУКТЫ ПИТАНИЯ	Белки (г)	Жиры (г)	Углеводы (г)	Энергетическая ценность (ккал)
Шеф-салат	5,6	1,2	3,8	116,6
Салатная заправка «Итальянская»	0,2	7,6	1,8	214
Салатная заправка «1000 островов»	0,7	9,6	3,3	104
Мороженое с шоколадным наполнителем	6,7	6,7	36,3	226
Мороженое с карамельным наполнителем	6,4	5,1	38,9	223
Мороженое с клубничным наполнителем	5,8	4,1	34,1	190
Яблочный пирожок	1,7	9,5	17,6	163
Вишневый пирожок	1,7	6,6	17,6	137
Молочный шоколадный коктейль	8,6	9,0	56,6	331
Молочный ванильный коктейль	8,2	8,6	55,1	320
Кока-кола	0	0	41	158
Кока-кола Light	0	0	0	0,7
Спрайт	0	0	38	158
Фанта	0	0	41	169
Апельсиновый сок	2,6	0,2	37,3	174
Чай	0	0	0	0
Кофе	0	0	0	2
Капучино	0	0	0	39
Горячий шоколад	2,0	2,0	22,4	123
Молоко	5,6	7,0	9,4	122

Пищевая, энергетическая ценность и содержание клетчатки в некоторых продуктах

ПРОДУКТ	Белки (г)	Углеводы (г)	Жиры (г)	Клетчат-ка (г)	Энергетическая ценность (ккал)
Рис белый среднезерный	6,61	79,34	0,58	1,4	360
Рис белый круглозерный	6,5	79,15	0,52	2,8	358
Рис коричневый длиннозерный	7,94	77,24	2,92	3,5	370
Рис пропаренный	6,79	81,72	0,56	1,7	371
Рис белый длиннозерный, отварной	2,69	28,17	0,28	0,4	130
Рис белый длиннозерный	7,1	80	0,7	1,3	365
Рисовая мука	5,95	80,13	1,42	2,4	366
Рис арборио	6,61	79,34	0,58	1,4	360
Рис басмати	7,1	80	0,7	1,3	365
Рис жасмин	7,13	79,95	0,66	1,3	365
Рис дикий отварной	3,99	21,34	0,34	1,8	101
Рис дикий	14,73	74,9	1,08	6,2	357
Вермишель из риса	12,78	74,69	1,58	2,4	371
Горох турецкий консервированный	8,86	27,41	2,59	7,6	164
Масло соевое	0	0	100	0	884
Молоко соевое	4,48	4,93	1,92	1,3	52
Мука блинная	8,2	78,03	0,86	1,7	362
Мука пшеничная	9,89	74,22	0,97	2,7	354
Мука соевая	34,54	35,2	20,65	9,6	436
Рисовая лапша тонкая	3,44	83,24	0,56	1,6	364
Соя	36,49	30,16	19,94	9,3	416
Сухари пшеничные измельченные	12,5	72,5	5,4	2,4	395

ПРОДУКТ	Белки (г)	Углеводы (г)	Жиры (г)	Клетчат-ка (г)	Энергетическая ценность (ккал)
Фасоль белая	23,36	60,27	0,85	15,2	333
Фасоль кидни	23,58	60,01	0,83	24,9	333
Фасоль черная	21,6	62,37	1,42	15,2	341
Чечевица зеленая или коричневая	28,06	57,09	0,96	30,5	338

Приложение 1

Содержание клетчатки з различных продуктах

Название продукта	Клетчатка (в 100 г продукта)	Калорийность (в 100 г продукта)
Отруби	44,0	150–200
Шиповник сухой	23,2	284
Курага	18,0	232
Персик сушеный	14,9	254
Яблоки сушеные	14,9	253
Мука соевая обезжиренная	14,5	334
Соя (зерно)	13,5	364
Крупа гречневая продел	12,5	300
Мука ржаная обдирная	12,4	298
Фасоль (зерно)	12,4	298
Крупа гречневая ядрица	11,3	308
Шиповник	10,8	109
Кишмиш	9,6	281
Чернослив	9,0	256
Крупа ячневая	8,1	313
Арахис	8,1	552
Крупа овсяная	8,0	342
Хлеб рижский	8,0	232
Хлеб бородинский	7,9	201
Крупа перловая	7,8	315
Хрен	7,3	59
Миндаль	7,0	609
Грибы (разные виды)	7,0–5,1	19–22

Название продукта	Клетчатка (в 100 г продукта)	Калорийность (в 100 г продукта)
Рис дикий	6,2	357
Грецкий орех	6,1	656
Хлопья «Геркулес»	6,0	352
Финики	6,0	292
Фундук	5.9	651
Зеленый горошек	5,5	55
Семена подсолнечника	5,0	601
Смородина черная	4,8	44
Крупа «Артек»	4,6	329
Капуста брюссельская	4,2	35
Рябина черноплодная	4,1	55
Оливки мякоть	4,0	298
Чечевица	3,8	310,5
Киви	3,8	47
Малина	3,7	46
Айва	3,6	48
Белая мука	3,5	334
Крыжовник	3,4	45
Клюква	3,3	28
Сельдерей (корень)	3,1	34
Черника	3,1	44
Шампиньоны	2,6	27
Свекла	2,5	42
Инжир	2,5	54
Морковь	2,4	35
Капуста белокочанная	2,0	28
Перец сладкий	1,9	26
Яблоки	1,8	47
Грейпфрут	1,8	35
Картофель	1,4	77

Приложение 2

Гликемические индексы продуктов питания

Название продукта	Гликемический индекс
Пиво	110
Финики	103
Тортильянс кукурузные	100
Тост из белого хлеба	100
Глюкоза в виде порошка	100
Брюква	99
Пастернак	97
Булочки французские	95
Картофель печеный	95
Рисовая мука	95
Лапша рисовая	92
Абрикосы консервированные	91
Мед	90
Картофельное пюре	90
Рисовая каша быстрого приготовления	90
Кукурузные хлопья	85
Морковь отварная	85
Попкорн	85
Хлеб белый	85

Название продукта	Гликемический индекс
Хлеб рисовый	85
Картофельное пюре быстрого приготовления	83
Бобы кормовые	80
Картофельные чипсы	80
Крекеры	80
Мюсли с орехами и изюмом	80
Вафли несладкие	76
Пончики	76
Арбуз	75
Кабачки	75
Тыква	75
Хлеб длинный французский	75
Сахар	75
Сухари молотые для панировки	74
Бублик пшеничный	72
Пшено	71
Картофель вареный	70
Сладкие напитки (кока-кола, фанта, спрайт)	70
Крахмал картофельный, кукурузный	70
Кукуруза вареная	70
Мармелад, джем с сахаром	70
Шоколадные батончики («Марс», «Сникерс»)	70
Пельмени «Равиоли»	70
Репа	70
Рис белый, обработанный паром	70
Фруктовые чипсы в сахаре	70
Шоколад молочный	70
Лепешки пресные	69
Мука пшеничная	69

Название продукта	Гликемический индекс
Круассан	67
Ананас	66
Мюсли	66
Овсяная каша быстрого приготовления	66
Суп-пюре из зеленого стручкового гороха	66
Хлеб серый	65
Бананы	65
Дыня	65
Картофель, варенный в «мундире»	65
Кускус	65
Манная крупа	65
Сок апельсиновый (готовый)	65
Хлеб черный	65
Свекла	65
Изюм	64
Макароны с сыром	64
Печенье песочное	64
Свекла	64
Суп-пюре из черных бобов	64
Бисквит	63
Зерна пшеничные (пророщенные)	63
Оладьи из пшеничной муки	62
Батончик «Твикс»	62
Булочки для гамбургеров	61
Пицца с помидорами и сыром	60
Рис белый	60
Суп-пюре из желтого гороха	60
Кукуруза сладкая консервированная	59
Пирожки	59
Папайя	59

Название продукта	Гликемический индекс
Рис дикий	57
Макаронные изделия из муки высшего сорта	55
Манго	55
Печенье овсяное	55
Печенье сдобное	55
Салат фруктовый со взбитыми сливками	55
Йогурт сладкий	52
Мороженое	52
Суп томатный	52
Отруби	51
Гречка	50
Картофель сладкий (батат)	50
Киви	50
Рис коричневый	50
Спагетти, макароны	50
Тортеллини с сыром	50
Хлеб, блины из гречневой муки	50
Шербет	50
Хлеб из муки грубого помола с отрубями	50
Овсяная каша	49
Горошек зеленый консервированный	48
Сок виноградный (без сахара)	48
Сок грейпфрута (без сахара)	48
Сок ананасовый (без сахара)	46
Хлеб с отрубями	45
Груши консервированные	44
Суп-пюре чечевичный	44
Фасоль цветная	42
Горошек турецкий консервированный	41
Виноград	40

Название продукта	Гликемический индекс
Горошек зеленый (свежий)	40
Сок апельсиновый свежеотжатый (без сахара)	40
Сок яблочный (без сахара)	40
Фасоль белая	40
Хлеб зерновой пшеничный	40
Хлеб ржаной	40
Хлеб серый из муки грубого помола	40
Макаронные изделия из муки грубого помола	40
Рыбные палочки	38
Спагетти из муки грубого помола	38
Персики	35
Апельсины	35
Вермишель китайская	35
Горох зеленый (сухой)	35
Инжир	35
Йогурт натуральный	35
Йогурт обезжиренный	35
Квиноа	35
Курага	35
Маис	35
Морковь сырая	35
Хлеб из цельной муки	35
Айва	35
Горчица	35
Нектарин	35
Гранат свежий	35
Дрожжи	35
Корень сельдерея	35
Семечки подсолнечника	35
Сливочное мороженое на фруктозе	35

Название продукта	Гликемический индекс
Томатный сок	35
Груши	34
Зерна ржаные (пророщенные)	34
Молоко шоколадное	34
Молоко цельное	32
Арахисовое масло	32
Клубника	32
Помело	30
Абрикосы	30
Молоко цельное	30
Бананы зеленые	30
Бобы черные	30
Горошек турецкий	30
Мармелад ягодный (без сахара)	30
Джем (без сахара)	30
Молоко 2%	30
Молоко соевое	30
Персики	30
Яблоки	30
Мандарины	30
Маракуйя	30
Молоко снятое	27
Чечевица красная	25
Ежевика	25
Земляника свежая	25
Крыжовник	25
Малина свежая	25
Семечки тыквенные	25
Смородина красная	25
Черника	25

Название продукта	Гликемический индекс
Вишня	22
Грейпфрут	22
Перловка	22
Сливы	22
Соевые бобы консервированные	22
Чечевица зеленая	22
Шоколад черный/горький (более 85% какао)	22
Шоколад черный/горький (более 70% какао)	20
Абрикосы свежие	20
Какао (порошок)	20
Арахис	20
Соевые бобы (сухие)	20
Фруктоза	20
Артишок	20
Рататуй	20
Рисовые отруби	19
Грецкие орехи	15
Соя	15
Огурцы	15
Зеленые овощи	15
Перец чили	15
Оливки	15
Миндаль	15
Маслины	15
Брюссельская капуста	15
Капуста квашеная	15
Капуста цветная	15
Кедровые орехи	15
Красный болгарский перец	15
Лесные орехи	15

Название продукта	Гликемический индекс
Редис	15
Смородина черная	15
Спаржа	15
Шампиньоны	15
Фисташки	15
Баклажаны	10
Брокколи	10
Грибы	10
Перец зеленый	10
Капуста	10
Лук	10
Помидоры	10
Салат листовой	10
Салат-латук	10
Чеснок	10
Авокадо	10

Приложение 3

Продукты питания с высоким содержанием витаминов

Продукты питания с высоким содержанием витамина B$_1$

Продукты (100 г)	Витамин B$_1$ (мг)
Подсолнечник (семена)	1,84
Кунжут (семена)	1,27
Соя (зерно)	0,94
Горох лущеный	0,90
Халва подсолнечная ванильная	0,80
Арахис	0,74
Икра минтая	0,67
Свинина жареная	0,62
Пшено	0,62
Орехи кешью	0,50
Фасоль (зерно)	0,50
Хлопья "Геркулес"	0,45
Гречка (крупа)	0,43
Печень говяжья жареная	0,32
Кета	0,30
Тунец	0,28
Желток яичный	0,24
Грибы белые (сухие)	0,24
Хлеб зерновой	0,22
Навага (жареная)	0,21

Продукты питания с высоким содержанием никотиновой кислоты

Продукты (100 г)	Никотиновая кислота (мг)
Арахис	13,2
Печень жареная	11,5
Отруби пшеничные	10,5
Семена подсолнечника	10,1
Тунец (консервы)	9,8
Скумбрия в масле (консервы)	8,6
Курица жареная	7,4
Говядина жареная	7,1
Индейка жареная	7,1
Ставрида жареная	6,5
Гречка (крупа)	4,2
Хлеб пшеничный цельнозерновой	3,0

Продукты питания с высоким содержанием витамина B_6

Продукты (100 г)	Витамин B_6 (мг)
Фасоль	0,90
Печень кур	0,90
Соя	0,85
Грецкие орехи	0,80
Скумбрия атлантическая	0,80
Тунец	0,77
Фундук	0,70
Печень говяжья	0,70
Кура	0,61
Печень свиная	0,52
Свинина (мышечная ткань)	0,50
Говядина (мышечная ткань)	0,42
Хлеб пшеничный цельнозерновой	0,30

Продукты питания с высоким содержанием фолиевой кислоты

Продукты (100 г)	Фолиевая кислота (мг)
Печень кур	240
Печень говяжья	240
Печень свиная	225
Соя	200
Грибы белые (сушеные)	140
Петрушка	110
Печень трески	110
Фасоль	90
Шпинат	80
Орехи грецкие	77
Фундук	68
Миндаль	40
Салат	40
Черемша	40
Творог нежирный	40
Хлеб ржаной	30
Хлеб пшеничный цельнозерновой	30

Продукты питания с высоким содержанием витамина С

Продукты (100 г)	Витамин С (мг)
Шиповник (сухой)	1000
Шиповник	650
Смородина черная	200
Облепиха	200
Перец сладкий	200
Киви	180
Петрушка	150
Укроп	100
Капуста брюссельская	100
Капуста цветная	70
Рябина красная садовая	70
Капуста краснокочанная	60
Апельсин	60
Клубника	59
Хрен	55
Шпинат	55
Кольраби	50
Капуста белокочанная	45
Грейпфрут	45
Лимон	40
Мандарин	38
Сельдерей	38
Капуста квашеная	30
Лук (перо)	30
Крыжовник	30
Малина	25
Томаты	25
Капуста отварная	24
Айва	23

Продукты (100 г)	Витамин С (мг)
Ананас	20
Спаржа	20
Редис	20
Дыня	20
Картофель	20
Картофель отварной	14,5
Салат	15
Яблоки	10
Ревень	10
Лук-репка	10
Свекла	10
Картофельное пюре	3,7

Продукты питания с высоким содержанием витамина Е

Продукты (100 г)	Витамин Е (в виде токоферола-эквивалента) (мг)
Масло подсолнечное	44,0
Семена подсолнечника	31,2
Миндаль	24,6
Фундук	20,4
Масло рапсовое	18,9
Масло кукурузное	18,6
Масло оливковое	12,1
Арахис	10,1
Мука соевая (необезжиренная)	2,5
Кальмар (мясо)	2,2
Хлеб пшеничный цельнозерновой	2,1
Шпинат	2,1
Семга	1,8
Петрушка	1,8
Скумбрия атлантическая	1,6
Сельдь атлантическая жирная	1,2
Хлопья «Геркулес»	1,1
Мало сливочное несоленое	1,0

Приложение 4

**Содержание натрия в некоторых промышленных
и натуральных продуктах питания**

Продукт питания	Содержание натрия (мг на 100 г)
Молоко пастеризованное	52
Творог нежирный	44
Сыр голландский	1100
Брынза из коровьего молока	1200
Свинина несоленая	58
Ветчина особая	955
Колбаса сервелат	2226
Сельдь атлантическая	100
Сельдь атлантическая среднесоленая	4800
Скумбрия атлантическая	100
Скумбрия холодного копчения	3610
Зерна твердой пшеницы	8
Хлеб пшеничный формовой	499
Фасоль стручковая	2
Фасоль стручковая консервированная	560
Капуста белокочанная	13
Капуста квашеная	960
Томаты	3
Соус томатный острый	1080

Приложение 5

Масса пищевых продуктов в различных мерах объема

Пищевой продукт	Масса (г)			
	Стакан		Ложка	
	Граненый	Чайный	Столовая	Чайная
Фрукты				
Вишня	165	130		
Черешня	165	130		
Ягоды				
Брусника	140	110		
Голубика	260	160		
Ежевика	190	150		
Клюква	145	115		
Крыжовник	210	165		
Малина	180	145		
Смородина красная	175	140		
Смородина черная	155	125		
Черника	155	125		
Шиповник сухой	200	160		

Пищевой продукт	Масса (г)			
	Стакан		Ложка	
	Граненый	Чайный	Столовая	Чайная
Продукты из овощей и фруктов				
Сок томатный	250	200	18	5
Фруктовые компоты	250	200		
Фруктовые соки	250	200		
Варенье			45	20
Джем			40	15
Повидло			36	12
Зерно и продукты его переработки				
Крупы				
Манная	200	160	25	8
Гречневая ядрица	210	170	25	8
Рисовая	230	185	25	8
Пшено	220	180	25	8
Толокно	140	135	18	5
Овсяная	170	135	18	5
Овсяные хлопья «Геркулес»	90	70	12	3
Перловая	230	185	25	8
Ячневая	180	145	20	6
Пшеничная «Артек»	180	145	20	6
Кукурузная	180	145	20	6
Горох лущеный	220	185		
Мука				
Пшеничная	160	130	25	8
Гречневая	160	130	25	8
Рисовая	160	130	25	8

Пищевой продукт	Масса (г)			
	Стакан		Ложка	
	Граненый	Чайный	Столовая	Чайная
Овсяная	130	110	20	6
Злаковая	160	130	25	8
Фасолевая	220	175		
Чечевичная	210	170		
Сырье для кондитерских изделий				
Сахар-песок	200	160	25	8
Крахмал картофельный	200	160	30	9
Мед натуральный			30	9
Ядро миндаля	165	130	30	
Ядро ореха фундук	165	130	30	
Порошок какао			25	9
Молоко и молочные продукты				
Молоко	250	200	18	5
Молоко сухое			20	6
Молоко стерилизованное			18	5
Молоко сгущенное с сахаром			30	12
Сливки 20%	250	200	18	5
Сливки сгущенные с сахаром			30	12
Сметана 10%	250	200	20	9
Сметана 20%	250	200	25	11
Творог жирный			17	5
Творог нежирный			17	5
Творог мягкий диетический			20	7
Творожная масса			18	6

Пищевой продукт	Масса (г)			
	Стакан		Ложка	
	Граненый	Чайный	Столовая	Чайная
Кефир жидкий	250	200	18	5
Простокваша	250	200	18	5
Йогурт	250	200	18	5
Ряженка	250	200	18	5
Кумыс	250	200	18	5
Ацидофилин	250	200	18	5
Какао со сгущенным молоком и сахаром			30	12
Кофе со сгущенным молоком и сахаром			30	12
Смеси молочные			9	3
Кисель молочный			12	5
Растительные жиры и жировые продукты				
Растительные масла			17	5
Маргарин			15	4
Майонез			15	4

Популярное издание

16+

Маргарита **КОРОЛЕВА**
авторская программа
сбалансированного питания

Правила
СЫТОЙ
стройности

Ведущий редактор *Екатерина Серебрякова*
Художественный редактор *Юлия Межова*
Технический редактор *Валентина Беляева*
Верстка *Ольги Савельевой*
Корректор *Валентина Леснова*

Подписано в печать 20.10.2013. Формат $70 \times 90 {}^1/_{16}$.
Бумага офсетная. Печать офсетная.
Усл. печ. л. 16,8. Тираж 4000 экз. Заказ 3953.

Общероссийский классификатор продукции
ОК-005-93, том 2; 953000 — книги, брошюры

ООО «Издательство АСТ».
127006, Россия, г. Москва, ул. Садовая-Триумфальная,
д. 16, стр. 3, пом. 1, комн. 3.

WWW.AST.RU

Издано при участии ООО «Харвест». ЛИ № 02330/0494377 от 16.03.2009.
Ул. Кульман, д. 1, корп. 3, эт. 4, к. 42, 220013, г. Минск, Республика Беларусь.
E-mail редакции: harvest@anitex.by

Республиканское унитарное предприятие
«Издательство «Белорусский Дом печати».
ЛП № 02330/0494179 от 03.04.2009.
Пр. Независимости, 79, 220013, г. Минск, Республика Беларусь.

**Авторский проект программ сбалансированного питания
для вкусной и здоровой жизни с доставкой на дом и в офис**

**«Королевский рацион» — это медицинский подход
в сочетании со стандартами высокой кухни**

* Вы хотите снизить массу тела без вреда для организма, поддерживать свою физическую форму или просто сбалансированно питаться, но не знаете, как это сделать в условиях плотного рабочего графика?

* Вы слишком заняты, чтобы готовить, вы не можете организовать полноценное питание вне дома, а брать с собой ланч-боксы с полезной пищей не получается?

* Вы как работодатель хотите организовать полноценное питание на работе для своей команды, где плотный деловой график исключает посещение кафе и ресторанов в обеденное время?

Тогда «Королевский рацион» — для вас!

«Королевский рацион» — это более 10 программ питания, одна из которых подойдет именно вам с учетом вашего образа жизни и потребностей организма.

Проект «Королевский рацион» — это:

— ежедневная доставка полного рациона вкусного питания в удобное для вас место и время;

— баланс содержания полезных компонентов в составе доставляемого рациона;

— соблюдение кратности и времени приема пищи;

— SMS-напоминания о каждом приеме пищи;

— ежедневные советы по питанию и здоровому образу жизни для всех членов семьи;

— методическое пособие для желающих снизить массу тела.

Доставка программ «Королевский рацион» на дом и в офис:
royal-ration.ru
+7 (495) 223-12-03

ЦЕНТР ЭСТЕТИЧЕСКОЙ МЕДИЦИНЫ
МАРГАРИТЫ КОРОЛЕВОЙ

Центр эстетической медицины Маргариты Королевой является многопрофильным медицинским учреждением

В работе Центра выделяются следующие направления:

* Диагностика и лечение метаболического синдрома
* Коррекция питания и изменение пищевого поведения
* Нутригенетика
* Консультации специалистов
* Индивидуальные программы снижения избыточной массы тела
* Моделирование фигуры с использованием нехирургических методик
* Лечение целлюлита
* Косметологическая физиотерапия
* Марконитерапия. Лечение кожных растяжек (стрий)
* Терапевтическая медицинская косметология
* Фракционный фототермолиз
* Фотоомоложение, фотоэпиляция
* Волюметрическая коррекция лица
* Лазерная эпиляция
* Новые биотехнологии (плазмолифтинг и пр.)
* Лечение угревой сыпи (акне)
* Реабилитационные антистрессовые мероприятия
* Трихология
* MEDI SPA-программы, SPA-Weekend
* Авторские программы одного дня
* Фитнес-программы в студии «Hypoxi»
* 3—10-дневные программы детоксикации и коррекции питания для гостей из регионов

**Центр эстетической медицины Маргариты Королевой
на Ленинградке: тел.:+7 (495) 656-30-86
на Петровке: тел.: +7 (495) 223-16-61, +7(495) 624-36-00**

margaritakoroleva.ru